家庭成长系列丛书

陪孩子走过 3~6岁

北京市妇女联合会
北京市家庭教育研究会 编著

北京出版集团
北京出版社

图书在版编目（CIP）数据

陪孩子走过 3~6 岁 / 北京市妇女联合会，北京市家庭教育研究会编著. — 北京：北京出版社，2021.12
（家庭成长系列丛书）
ISBN 978-7-200-16375-9

Ⅰ. ①陪… Ⅱ. ①北… ②北… Ⅲ. ①幼儿教育 Ⅳ. ①G61

中国版本图书馆 CIP 数据核字（2022）第 008052 号

家庭成长系列丛书
陪孩子走过 3~6 岁
PEI HAIZI ZOUGUO 3~6 SUI
北京市妇女联合会　北京市家庭教育研究会　编著

*

北　京　出　版　集　团 出版
北　京　出　版　社
（北京北三环中路 6 号）
邮政编码：100120

网　　　址：www.bph.com.cn
北京出版集团总发行
新　华　书　店　经　销
河北宝昌佳彩印刷有限公司印刷

*

710 毫米×1000 毫米　16 开本　16 印张　200 千字
2021 年 12 月第 1 版　2022 年 10 月第 2 次印刷
ISBN 978-7-200-16375-9
定价：52.00 元
如有印装质量问题，由本社负责调换
质量监督电话：010-58572393

《陪孩子走过3~6岁》编委会

（编委会成员名单按姓氏笔画排序）

主任

张雅君

副主任

赵红伟 徐凡

主编

尤筠 恽梅

编委会成员

田春艳 刘超 刘国平 刘焕春 李甦 李美锟 吴颖
陈虹 段冬梅 高婷 唐洪 梁雅珠 覃静

前　言

　　家庭是人生的第一所学校，家长是孩子的第一任老师。家长要给孩子讲好"人生第一课"，帮助孩子扣好人生第一粒扣子。科学的家庭教育是儿童健康成长的基础，对儿童的一生有着深远的影响。2019年，全国妇联、教育部等9个部门共同颁布了《全国家庭教育指导大纲（修订）》，为我们研发家庭教育课程体系提供了基础和遵循的依据。

　　坚持立德树人的根本任务，立足北京实际，聚焦生活教育，北京市妇女联合会委托北京市家庭教育研究会研发了《家庭教育课程大纲》，针对不同年龄段儿童的身心发展规律和家庭教育特点，逐步编写分龄（0~3岁、3~6岁、6~12岁、12~18岁）指导丛书和相应的指导课程。本书即为分龄指导丛书的第二本。

　　3岁以后，孩子进入了幼儿期，他们的生活越来越丰富，但他们还不会完整清晰地进行表达，这对父母的养育提出了新的要求。本书从提升父母养育能力和促进孩子身心发展的双重角度，为3~6岁孩子的父母提供了分年龄段的育儿实操指导。

　　本书分为"孩子进入幼儿期""3~4岁""4~5岁""5~6岁""附录"5个部分，力求给予父母有关该阶段孩子发展和家庭养育方面更全面、更广阔和更长远的视角。"孩子进入幼儿期"针对如何认识和观察孩子、孩子发展的普遍特点和方向是什么、如何培养孩子、如何在帮助孩子成长的同时成为更好的父母以及如何升级亲子关系等有关儿童观、教育观的内容进行简要介绍。在"3~4岁""4~5岁""5~6岁"的分龄指导章节中,首先对本阶段孩子身心发展的特点做了简要说明,从"健康、安全地生活""爱学习,会学习""养成良好品行""家教小案例"等方面,针对养育的重点和难点问题给父母提供了科学可行的知识和实操指导。同时,秉持赋能父母和家庭的理念,从"智慧做父母""让家对孩子更友好"两个方面,针对养育生活中父母和家庭可能面临的困难和问题,给予父母观念、环境、社会交往、自我提升等多方面调整的具体建议和方法指导,帮助父母拥有良好的养育观念和心理状态,为孩子的成长提供良好的家庭氛围和保障。

本书附录中"幼儿气质快速测查"和"幼儿多元智能快速测查"两个部分,给父母提供了实用工具,便于父母在家庭中对孩子的状况进行观察,并学会对一些常见的问题进行基本的处理。

希望本书能够为广大3~6岁儿童父母的养育生活提供理念指导和实质性的帮助。

北京市妇女联合会
北京市家庭教育研究会

目录

孩子进入幼儿期　　1
认识你的孩子　　2
观察孩子的意识和方法　　2
男孩与女孩　　4
看见孩子的未来　　6
幼儿社会性发展　　6
幼儿期孩子的父母，请这样做　　8
升级你的自我能量　　11
做个自控的人　　11
做个文明的人　　12
做个温暖的人　　13
做个好奇的人　　14
升级你的亲子关系　　16
升级陪伴质量　　16
发现优点和进步　　19
教养有诀窍　　21
制定规则　　21
倾听，双向沟通　　23
反馈，影响孩子的自我评价　　25
生活有营养　　27
营造良好的家庭氛围　　27
支持孩子的生活环境和条件　　28
善用新媒体　　30

【3~4岁】 33
本阶段孩子身心发展 34
- 体格发育 34
- 运动能力 34
- 语言能力 35
- 社交能力 35

健康、安全地生活 37
- 专心吃饭 37
- 按时睡觉 39
- 规律排便 40
- 坚持锻炼 41
- 注意卫生 42
- 免疫接种 43
- 学习恰当表达情绪 44
- 学会适应新环境 45
- 避开危险源 46
- 安全地与人交往 47
- 护佑孩子安全成长 48

爱学习，会学习 50
- 在交流中学习语言 50
- 在重复中发现新知、构建新知 51
- 文字、符号有大用 51
- 爱上涂涂画画 52
- 感受身边的物理 53

发现生活中的数学	54
感受生活中的美	55
感受语言之美	56

养成良好品行　57

自己的事情自己做	57
礼貌地与人交流	59
与小朋友快乐交往	59
关注别人的感受	61
感恩长辈的付出	61
接纳弟弟或妹妹	62
融入集体	64
学习遵守规则	65
爱护公物	66
认识国旗和国歌	67
环保意识启蒙	68

家教小案例　69

不当幼儿园里的"熊孩子"	69
令人头疼的"插话王"	72
财商培养，请绕开4个误区	74
让孩子学会坚持，其实不难	76
孩子是个"小官迷"	78

智慧做父母　81

帮助孩子适应幼儿园	81
组建育儿互助团	82

学会与老师沟通	82
学会与老人合作	83
从容返职场	84

让家对孩子更友好　86
适宜孩子的环境	86
全家一起规律起居	87
可以自由探索的家居环境	88
丰富的音乐"菜单"	89

【4~5岁】　91

本阶段孩子身心发展　92
体格发育	92
运动能力	92
语言能力	93
认知能力	93
社交能力	93

健康、安全地生活　95
和健康食物做朋友	95
学会呵护身体	96
锻炼健美身姿	97
学习打扫卫生	98
在生活中收获成就感	99
学习平复情绪的方法	100
安全地玩耍	100

目录

了解公共场所的安全规则　　102
学会求助　　103

爱学习，会学习　　105
学习有条理地表达　　105
体会文字的用途　　106
用涂涂画画来表达　　107
观察、记录，感受大自然　　107
动手、动脑，进行科学探究　　109
尝试在生活中应用数学　　110
感受自然之美　　112
感受文学之美　　113
　用美装饰生活　　114
自由表达和创作　　115

养成良好品行　　117
爱惜物品　　117
养成受欢迎的举止　　117
友善地与人交往　　118
勇于承认错误　　119
学会解决矛盾和冲突　　120
学会发现别人的长处　　121
学习换位思考　　121
与兄弟姐妹友好相处　　122
感恩身边的人　　123
树立诚实守信的意识　　124

了解家乡和祖国	125
爱护环境，从理性消费做起	126

家教小案例 — 128

不爱社交	128
总爱招惹人	130
不想上幼儿园	132
谈恋爱了？	133
小小妒忌心	135
我想交朋友	136
输不起	138
说脏话	139

智慧做父母 — 141

几个家庭结伴出游	141
兴趣班，怎么选？	142
保持家庭成员教育观的一致	143
保持与社会的连接	144

让家对孩子更友好 — 146

让家井井有条	146
准备适宜的健身器具	147
有益于学习的空间	148
引入传统文化	149
激发想象和创造的空间	149

【5~6岁】 151

本阶段孩子身心发展 152
体格发育 152
运动能力 152
语言能力 153
认知能力 153
社交能力 153

健康、安全地生活 154
懂得适度饮食 154
学做简单饭菜 155
爱上运动 156
保持整洁 157
觉察身体的不适 158
生活有乐趣 159
识别警示标志 160
安全使用工具 161
学习基本的自救技能 162

爱学习，会学习 165
通过阅读解决问题 165
体验书写 167
学会提问、猜想和探究 168
探究事物之间的关联 170
尝试用数学解决生活中的问题 171
体验新媒体学习 172

关注身边的科技应用	174
体会人文景观之美	175
用艺术表现生活中的美	176
尝试用新媒体创作	177

养成良好品行   179

逐渐走向独立	179
累积亲情	180
融入大家庭	182
分担家庭责任	183
理解分工与协作，学会感恩社会	184
做个小小志愿者	185
接纳和欣赏差异	187
学习公平竞争	188
感受中华智慧	189
初步了解法律	192
思考科技发展与环保的关系	193

家教小案例   195

爱发脾气	195
总是那么急	198
不爱学习	199
从不主动练习	201
注意力不集中	204
拒绝电子保姆	205

智慧做父母　　209
给自己找个探究课题　　209
和孩子做好朋友　　210
放眼看天下　　212
带孩子做入学准备　　213

让家对孩子更友好　　215
温馨的家庭聚会　　215
家里的精神花园　　216
开个探究工坊　　217
设个艺术创作角　　219

附录　　221
幼儿气质快速测查　　222
好动和好静　　222
乐观和悲观　　224
好奇和谨慎　　225
适应快和适应慢　　226
规律和不规律　　227
反应大和反应小　　228
敏感和不敏感　　229
分心和专注　　230
坚持性高和坚持性低　　232

幼儿多元智能快速测查	234
语言智能	234
逻辑—数学智能	235
空间智能	235
肢体运动智能	236
内省智能	236
人际智能	237
音乐智能	237
自然观察智能	238

孩子进入幼儿期

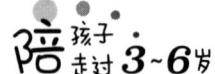

认识你的孩子

3年的相处,父母对孩子已经有了很多的了解。随着孩子的成长,他的生命会越来越丰富,在每个新的一天里,他都会有进步,像一幅长卷逐渐展开,带给我们惊奇,吸引我们去发现。父母要多观察孩子,既享受他们的成长,也随时准备给予他们必要的帮助。

观察孩子的意识和方法

通常,大部分这个年龄段的孩子还不能完整、清楚、准确地表达,他的很多情况都要靠父母去观察、了解,以便给予他必要的关心和帮助。父母要会观察孩子,以更好地了解他、养育他。注意观察孩子,并不意味着父母要对孩子时时紧盯,而是要关注他的一些重要方面。

- 父母主要的关注点

健康状况:孩子身体好吗?有没有不舒服?

情绪状态：有没有经常情绪不佳或者情绪突然低落？

孩子与别人的交往：孩子有没有要好的玩伴？最近和小朋友相处得如何？有没有遇到让他害怕或厌恶的人？

注意观察这些，能让父母及时察觉到孩子是否需要帮助，并采取恰当的行动。

另外，父母还要注意观察孩子的个性特点、特长和喜好。孩子容易适应新的环境吗？喜欢变化还是喜欢固定的程序？看到新东西会好奇地往前凑还是躲得远远的？精力旺盛还是容易疲劳？喜欢激烈的游戏还是安静的游戏？孩子对什么比较敏感？比如颜色或声音的微小差别，形状、位置或方向，身体姿态或动作，别人的语气或表情，新奇的词汇或句式，话语中的矛盾或逻辑漏洞等。

了解了孩子的特点，父母就能够采取更有效的方法来帮助孩子。

小工具：父母可以参考本书附录中的"幼儿气质快速测查"和"幼儿多元智能快速测查"来观察和了解孩子。

● **观察孩子的时候，要注意以下几点**

第一，要持续观察一段时间，了解完整的过程，而不要只看结果。比如观察孩子拼图，不要只看他能不能完成，还要看他尝试的过程。

第二，不仅要观察孩子的表现，还要观察周围的环境。有没有孩子熟悉、喜欢或害怕的人、事、物？孩子在这里能做什么？环境中的东西适合他使用吗？

第三，要多次观察，不要一次就下结论。孩子的表现常会受到当时环境和他自己的状态的影响，比如孩子在困乏或者身处嘈杂环境的时候，容易表现出来烦躁、缺乏耐心等情绪。

第四，要在不同场合下观察。孩子在不同场合中的表现有什么相同和不同？比如，孩子是在人多、新奇的场合比较兴奋，还是在人少、比较熟悉的场合更活跃？在什么场合会比较安静？给孩子体验各种环境、各种活动的机会，看看他更喜欢什么，在什么情况下更专注和投入、情绪更好。

还有一点非常重要，就是父母要经常蹲下来，从孩子的角度观察，那是一个不同于成人的视角，经常从这个角度观察，能帮助父母体会孩子的感受。

男孩与女孩

进入幼儿期后，孩子已经知道自己是男孩还是女孩，也知道男孩和女孩是什么样。那么，男孩和女孩究竟有什么差别？养育的方式究竟有什么不同？

● 男孩和女孩的差异

随着专家们的研究逐步深入，目前对男女差异的问题形成了一些基本的看法。比如：女孩语言能力总体优于男孩，男孩的空间能力优于女孩；女孩对情绪更为敏感、更为友善和体贴、会更努力地控制冲动、行为问题发生率比较低，而男孩则更活跃、更爱冒险、更容易受伤；女孩更容易顺从，也更多求助于别人，男孩更具有身体攻击性……

不过，上面的结论是就男孩和女孩群体而言的，每个男孩、女孩的具体情况不一定就是如此。男性和女性在各个方面的得分分布通常有很大的交叉，性别可以解释的个体差异一般不超过5%～10%，男性和女性在发展潜力方面的共性大于差异性。

● 男孩和女孩，该怎么养？

专家们认为，男孩和女孩表现出的性别差异在很大程度上与儿童的生活经验有关。比如，如果父母认为"足球是男孩玩的"，就可能不支持女儿练习足球，那么她即便有足球天赋也不会表现出来；但是如果父母没有这种看法，能支持喜欢足球的女儿去练习，那么她的足球能力就能够得到发展。所以，父母们不要给孩子的发展设限，要给孩子尝试各种活动的机会，支持他发展各方面的能力，让他的未来之路更宽广。

虽然不宜为孩子的发展人为设限，但既然男孩和女孩生理、心理上存在差异，那么父母就需要根据孩子的特点来施以教育。感兴趣的父母可以阅读一些介绍男孩和女孩养育方式的书籍，以获得启示、拓展思路。本书附录中的"幼儿气质快速测查"部分介绍了不同气质特点的孩子的养育要点，可供参考。

看见孩子的未来

父母会为幼儿期的孩子哭闹、耍赖而担忧,"他怎么这样?以后可怎么办呀!"其实,很多让父母闹心的表现,都是这个阶段的"过客",不会伴随孩子终身。从幼儿期的"新生"成长为"毕业生",孩子会经历很大的发展变化。了解孩子在这个阶段的普遍特点,以及在这个阶段的末期孩子会长成什么样子,能帮助父母减少焦虑,并懂得要帮助孩子向什么方向发展。

幼儿社会性发展

- **如果幼儿期初期的孩子有这些表现,一般是正常的**

因为身体的脂肪比例还比较高,显得有些肉乎乎的,不管是上下楼梯、跑跳还是投掷,动作都还显得不够协调和灵活。

表现出比较明显的"以自我为中心"的行为,不体谅别人,比如经常说"我不想……""我就要……"等。

孩子进入幼儿期

不能区分想象和事实，会把自己的愿望当成真事来说，比如即便前一天他一直在家，却会跟小朋友或老师说"昨天妈妈带我去游乐园玩了"；自我控制能力不强，比如发脾气、生闷气、抢东西、动手打人；注意力容易分散，记不住事，比如刚跟他说"不要乱跑"，他看见一只蝴蝶就追了过去……

● **到了幼儿期末期，孩子一般会变成这样**

脂肪比例减少、肌肉成分增加，身体变得苗条，骨骼变得更坚硬，动作能力也有显著进步，具备基本的自理能力，开始能够学习一些正规的体育运动；同时，大部分孩子表现出明显的利手倾向，大约90%是右利手，10%是左利手。

随着大脑的发育，孩子的注意、记忆和自控能力有明显的提高，能够比较完整地描述前些天经历过的事情，也能够跟随指导，按照要求做事，完成简单的任务，但可能还需要成人的提醒和帮助。

逐渐学着站在别人的角度思考、为别人着想，学会妥协、协商；知道别人的想法、感受可能与自己不同，能够比较准确地理解别人的情绪，也能理解一些比较复杂的情绪，比如悲喜交加、尴尬、纠结等。

对自己的个性、心理特征等有一定的了解，比如"我不喜欢……""……时我很开心"等。

● **在这个时期，父母要鼓励孩子的主动性**

这个阶段的孩子都兴趣满满，想要自己做事。但他们毕竟能力有限，经常会把事情弄得一团糟，比如桌子擦得像大花脸，自己身上也弄得脏兮兮，这时孩子会感到内疚、挫败。

如果父母能给孩子独立行动的机会，并指导他、帮助他成功，就是在鼓励和支持孩子发展独立性——自己做决定、对自己的行为负责。但是如果父母怕麻烦，不鼓励孩子自己做事，孩子便会留在这种内疚感中，不能把自己看作一个独立自主的人。因此，父母要抓住孩子想要自己做事的契机，帮助孩子发展初步的独立自主能力。

幼儿期孩子的父母，请这样做

● 家庭教育指导内容

2019年，中华全国妇女联合会、教育部等9部委印发了《全国家庭教育指导大纲（修订）》（简称《大纲》）。《大纲》在3~6岁家庭教育指导内容中提出了如下要点：

⊙ 积极带领儿童感知家乡与祖国的美好。

⊙ 引导儿童关心、尊重他人，学会交往。

⊙ 培养儿童规则意识，增强社会适应性。

⊙ 加强儿童营养保健和体育锻炼。

⊙ 丰富儿童感性经验。

⊙ 提高安全意识。

⊙ 培养儿童生活自理能力和劳动意识。

⊙ 科学做好入学准备。

● 幼儿5个领域发展内容

《3~6岁儿童学习与发展指南》针对幼儿5个领域的发展，也提出了对父母的要求。父母可以参照这些指导，在生活中帮助孩子增长知识和能力、养成良好习惯、形成正确观念。

⊙ 健康领域。

为幼儿提供合理均衡的营养，保证充足的睡眠和适宜的锻炼，满足幼儿生长发育的需要；创设温馨的人际环境，让幼儿充分感受到亲情和关爱，形成积极稳定的情绪情感；帮助幼儿养成良好的生活与卫生习惯，提高自我保护能力，形成使其终身受益的生活能力和文明生活方式。不宜过度保护和包办代替，以免剥夺幼儿自主学习的机会，养成过于依赖的不良习惯，影响其主动性、独立性的发展。

⊙ 语言领域。

应为幼儿创设自由、宽松的语言交往环境，鼓励和支持幼儿与成人、同伴交流，让幼儿想说、敢说、喜欢说并能得到积极回应。为幼儿提供丰富、适宜的低幼读物，经常和幼儿一起看图书、讲故事，丰富其语言表达能力，培养阅读兴趣和良好的阅读习惯，进一步拓展学习经验。应通过多种活动扩展幼儿的生活经验，丰富语言的内容，增强理解和表达能力。应在生活情境和阅读活动中引导幼儿自然而然地产生对文字的兴趣。

⊙ 社会领域。

为幼儿创设温暖、关爱、平等的生活氛围，建立良好的亲子关系和同伴关系，让幼儿在积极健康的人际关系中获得安全感和信任感，发展自信和自尊，在良好的社会环境及文化的熏陶下学会遵守规则，形成基本的认同感和归属感。成人应注意自己的言行，避免简单生硬的说教。

⊙ 科学领域。

善于发现和保护幼儿的好奇心，充分利用自然和实际生活机会，引导幼儿通过观察、比较、操作、实验等方法，学习发现问题、分析问题和解决问题；帮助幼儿不断积累经验，并运用到新的学习活动中，形成受益终身的学习态度和能力。注重引导幼儿通过直接感知、亲身体验和实际操作进行科学学习，不应单纯为追求知识和技能的掌握，对幼儿进行灌输和强化训练。

⊙ 艺术领域。

充分创造条件和机会，在大自然和社会文化生活中让幼儿萌发对美的感受和体验，丰富其想象力和创造力，引导幼儿学会用心灵去感受和发现美，用自己的方式去表现和创造美。对幼儿的艺术表现给予充分的理解和尊重，不能用自己的审美标准去评判幼儿，更不能为追求结果的"完美"而对幼儿进行千篇一律的训练，以免扼杀其想象与创造的萌芽。

升级你的自我能量

我们与孩子朝夕相处，一举一动都在潜移默化地影响孩子；我们对环境和生活的选择，在很大程度上决定了孩子会受什么样的影响。所以，做更好的自己，才能做更好的父母。在帮助孩子成长的同时，我们更要让自己成长。

做个自控的人

很多育儿书都会告诉父母，要用恰当的方式表达情绪，如不乱发脾气、不迁怒于人，为孩子做出情绪自控的榜样；也会提醒父母要保持良好的情绪状态，营造温暖、轻松的心理环境，以积极、愉快的情绪影响孩子，让孩子形成安全感和信赖感。

这些道理父母大多都懂。然而，生活、工作的压力使人变得紧张、焦灼，尤其是面对孩子的"车祸现场"时，父母总会不由自主地火气上冲、嗓门升高；而在对孩子或家人发火后，很多人又会后悔、自责。要保持淡定理性，真的很不容易。

因此，在面对这样的情形时，请告诉自己："这是人在压力下的正常反应，说明我需要好好关照自己了。关照好自己、让自己放松下来，才能理智地面对困难和问题。"

父母可以每天花一点时间关注一下自己身体的感觉，哪怕只有几分钟：心脏有节律地跳动，呼吸时空气从鼻腔流过，喝水时水流滑过口腔、咽喉，皮肤上有凉风掠过、阳光轻灼，握拳时肌肉的紧张、张开拳头时手掌的松弛……通过这样的练习，慢慢对自己的身体感觉敏感起来，当自己开始紧张、焦灼或怒火上冲的时候，会感觉到心跳加快、呼吸加深、嗓子发干、身体发热，这时可以告诉自己："我的负面情绪来了，我需要好好照顾自己。"调整一下呼吸，喝点水润润嗓子，走到窗前吹吹风，或者坐下来放松一下。如果还是感到难以控制自己，不妨离开一段时间，等待情绪平复。

保持对自己情绪变化的敏感、在情绪风暴来临时及时觉察，有助于调整情绪。如果需要，也可以去学一些情绪管理的课程，或培养一些适合自己的运动兴趣，通过规律的体育锻炼调整身心状态。

做个文明的人

这个时期的孩子模仿能力很强，但在很多方面还没有建立起社会规则的概念。如果成人，尤其是父母做出不文明、不恰当的行为，孩子可能很快就会学到。因此，父母要审视一下自己的日常行为，在各种细节上努力保持恰当的举止，为孩子做好文明的榜样。比如：遵守公共场所的行为规则。轻声说话，不影响他人；废弃物不随地丢弃，而要放入垃圾箱或者随身带走；不在通道或入口处逗留，尽量不妨碍别人；衣着整洁、得体。

遵循与人交往的基本礼仪。遇见亲友、邻居等主动打招呼；交谈时认真倾听、不随意打断对方，说话温和有礼，不说脏话、粗话；和孩子交谈时最好蹲下来与他平视，并保持专注，即便他表达得不够顺畅和清晰，也要耐心听他把话说完；守时、守诺，尤其是答应孩子的事一定要做到。

珍惜资源，爱护环境。平时注意节约水电、爱惜粮食，理性消费，坚持做好垃圾分类。

这个阶段的孩子正处在学习各种规则、培养良好行为习惯的关键时期，父母可以和孩子约法三章，互相监督、共同进步。

这样，在收获一个文明礼貌的孩子的同时，父母也会收获自我的成长和提升。

做个温暖的人

人世间的温暖来自人与人之间的相互关心和帮助。常怀感恩之心，常为感恩之举，就会成为一个能给人温暖的人。

要看见别人的付出，意识到有很多我们见过或未见过的人在为我们的每日生活而付出，感受到自己与别人、与整个社会是紧密相连的。

感恩父母的养育、家人的陪伴，他们是最直接有恩于我们的人。住在一起的父母和其他家人，要每天问候，在他们劳累、身体不适的时候照顾他们；如果不住在一起，也要经常问候，每周通电话、视频，年节的时候更要送去祝福和贴心的礼物。

感恩同事、朋友在工作和生活上的帮助、支持，用同样的帮助、支持来回报他们。比如帮着接收快递，照看孩子，在他们遇到困难时安慰他们，为他们想办法等。

感恩很多未曾谋面的人为我们的付出。我们的一粥一饭、一丝一缕、一砖一瓦，莫不来自别人的劳动，救死扶伤的医生、保家卫国的战士、传道授业的教师，还有保洁员、外卖员、快递员……都在支撑着我们每日的生活。

尊重遇见的每一个人，比如经常向小区的保洁、保安说"谢谢""辛苦"，珍惜他们的付出，配合他们的工作；看见别人需要及时给予帮助，有时候仅仅是举手之劳，比如帮着邻居或快递小哥顶一下弹簧门，就能帮到他们、带给他们一丝温暖。

如果可能，还可以更进一步参与公益服务、志愿活动，为各类弱势群体提供帮助。

当我们这样做的时候，孩子就能感受到我们身上发出的温暖的光芒，从而变得温暖、阳光。

做个好奇的人

孩子是好奇的，要理解他们，和他们玩在一起并在玩耍中引导他们，父母自己也要有一颗好奇的心。

每个人都曾经是孩子，都曾经有过满心的好奇。只是，随着一年年地长大，我们有太多的事情要打理，渐渐变得行色匆匆，心也被其他的事情充满。但是，如果我们找个时间慢下脚步，像个孩子一样重新审视身边的事物，好奇心会重新回来。

顺着孩子的眼光去观察世界，会发现很多未知和新奇。蚂蚁见了面是怎么交流的？彩虹的颜色是怎么排列的？车窗玻璃上的水滴是怎么滑落下来的？

看到身边的现象，可以想一些问题。大雨过后，蜗牛和蚯蚓会爬出来，它们是被雨冲出来的吗？童谣里说，大雪给麦苗盖上被子，让它们好好过冬，那积雪的下面会比积雪的表面温度更高吗？不妨和孩子一起聊聊，问问他的想法，和他一起去找找答案。

　　猜一猜身边发生的事情。闭上眼睛听听大街上驶过的汽车的声音，猜猜是辆小汽车还是大客车；初春的时候，猜猜路边的哪棵桃树会最先开花；看着风卷起一片柳絮，猜猜它会不会掉进池塘……我们可以和孩子比赛，看谁猜得对。

　　还可以经常和孩子一起做些小实验。用布盖上发芽的蒜头，看看它会不会长出长长的蒜苗；用滋水枪喷水试一试，看看怎样才能变出彩虹……可以一起用拍照或画画的方式记录实验的过程和结果。

　　当我们自己变得好奇，和孩子的共同语言就会多起来，孩子也会更喜欢和我们玩耍、交流。

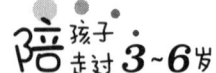

如果说在头3年里,孩子和父母之间形成了亲密的依恋关系,那么在接下来的3年里,随着孩子的成长、内心世界的丰富、表达和交流能力的增强,这种亲密的关系里还将加入更多的内容:更深入的交流、理解,更多的合作。升级的亲子关系会使父母的养育逐步走上更顺畅的轨道。

升级陪伴质量

这个年龄的孩子都喜欢爸爸妈妈的陪伴。父母要尽量抽出时间陪伴孩子,这对孩子的健康成长非常重要。但陪伴不是在孩子身边待着,而是要和孩子交流,尤其是心灵、情感上的交流。

● **陪孩子玩耍**

这是孩子最喜欢的陪伴,游戏的快乐会因为有爸爸妈妈的陪伴而翻倍。陪孩子玩的时候,爸爸妈妈要专注、投入,如果心不在焉,孩子是能够感觉到的。

和孩子一起玩的时候，不要拘泥于固定的玩法，也不要把完成游戏当作目标。和孩子亲密接触、一起开怀大笑，共同享受快乐时光才是最重要的目的。

如果孩子有其他的玩法、想法，不妨跟随他的兴趣，一起去探究，发现更多的乐趣。孩子对眼前的游戏或玩具失去兴趣，或者遇到困难、玩得不顺的时候，如果爸爸妈妈给他一些提示或启发，可能会重新激发孩子游戏的兴趣，引导他发现新的玩法、新的可能，更多、更深地探究玩具和游戏。

● **陪孩子看书**

给孩子读他喜欢的书，回答孩子的问题，交流对书的内容的感受和看法（比如喜欢谁、不喜欢谁），不要把让孩子重复故事、考查孩子是否认字作为目标。和孩子一起沉浸在美好的故事、优美的画面和有趣的文字中，在亲子共读中享受相互陪伴的美好时光。

● **和孩子聊天**

多和孩子交谈，可以每天固定一个聊天时间，日常共处的时候也可以随时交流。重要的是，父母不要把和孩子聊天当作给孩子讲道理，而要当作与朋友分享，让聊天成为放松的时刻，多倾听、少质疑，多提问、少评判，多分享、少刺探。

可以和孩子一起谈论有趣的见闻、彼此的兴趣爱好，一起翻看照片、回忆过去的事情和交往过的人，询问孩子对家务事尤其是与他相关的事情的意见；对大一些的孩子，父母可以分享自己的经历、感受，以及自己的快乐、苦恼、忧心等。

和孩子聊天，一方面可以使父母更好地了解孩子的感受、需要、心意，比如他在意什么人和事、不喜欢什么等，这样才能更好地帮助孩子，成为孩子的贴心人，让孩子感受到温暖、尊重，增进他对父母和家人的亲近、信赖感；另一方面，也可以帮助孩子更多地了解父母和家人，懂得父母和家人的不易，有利于培养孩子成为感恩、体贴的人。

● 陪伴孩子度过困难时刻

就像孩子不舒服时父母要照顾他一样，孩子不高兴时，父母也要安慰他，帮助他平复情绪。

情绪中的孩子最需要的是理解和接纳。不要急于说什么，安静下来，默默地摸摸他、拥抱他，给他递一块擦汗、擦泪的毛巾，倒一杯水，听他倾诉，会让孩子觉得父母懂他、关心他，从而与父母更亲近。

● 带孩子一起做事

这个阶段的孩子很喜欢自己动手做事，父母不妨带着他一起做家务、修理家中用具等。父母要耐心给他示范、指点，鼓励他多练习。还可以引导孩子参与家庭事务，对于涉及全家的事情，比如出游、聚会、添置家具等，可以开个家庭会议，全家一起来商量、决定。这样不仅能培养孩子的能力和良好习惯，让孩子变得懂事，还有利于促进亲子交流、增进亲情。

● 学习与孩子交流的技巧

刚进入幼儿期的孩子，语言理解和表达能力还是有限的。和孩子交流的时候，一定要耐心倾听，鼓励和引导孩子清楚地表达。对孩子说话的时候，要用孩子能理解的语言，表达要清楚、简洁。

发现优点和进步

欣赏孩子，指出他的优点和进步，是引导孩子成长的重要诀窍。听到父母赞扬自己会择菜，孩子会干得更起劲，并对自己的能力感到自豪。同时，善于发现孩子的优点和进步并为他指出来，也是建立和维持良好亲子关系的重要秘诀。毕竟每个人都希望得到肯定、看到自己的价值，喜欢和欣赏自己的人在一起，孩子也是如此。

孩子一直在成长，所以他会经常展现出过去没有的优点和进步，但父母需要保持敏感，才能发现这些优点和进步。

首先，父母要了解这个阶段孩子的发展水平，对孩子的表现抱持合理的期待。孩子毕竟还小，他的进步表现可能在成人眼里不值一提，比如学会说"但是""不过"等转折词、能接住别人抛过来的球等，然而对于孩子来说这些可能都是莫大的成就，令他自己感到骄傲。如果父母觉得这些都很简单、不值一提，就难以捕捉到孩子的"高光时刻"。

父母还要了解孩子的发展节奏，接纳他与别人的个体差异。从很小的时候起，不同孩子之间就表现出发展的差异，比如和别的孩子相比，有些孩子更能说会道，有些孩子动作更灵巧，有些孩子对数量更敏感，还有些孩子更善于察言观色等。如果父母总是拿自己孩子的短板与别人的优势相比，就难以看到他的优点和进步。还是要多做纵向比较，鼓励孩子不断进步。

要读懂孩子的表达，尊重孩子个性化的表现和创造。孩子在画画、表演等时候，会表达自己的理解和想象，比如把蚊虫画得很大很大、用低沉的声音来表现大灰狼等。父母不宜依据自己的知识和经验简单地用"像不像""好不好"来评判，而是要去倾听孩子的想法或感受、理解他想表达的意图，肯定他自主的表达和创造。

父母还要认识到，进步可能隐藏在犯错中。这个年龄段的孩子，闯祸、犯错是家常便饭。比如孩子跟爷爷说"你老眼昏花要戴眼镜哦"，"老眼昏花"这个词让人听了感觉不敬，其实他只是刚学会一个新的词想用来表达对爷爷的关心，并没有不敬的意思。这个时候不必呵斥他，更不宜上纲上线，要先认可他对爷爷的关心，表扬他学到了新词，同时向孩子解释这个词该怎么使用。孩子犯错、闯祸常常与他们的新尝试有关，这个时候父母要先冷静下来分析，透过表象看到问题背后的逻辑，说不定就能发现孩子的闪光点和进步。

发现优点和进步，意味着有的放矢的、具体的表扬，但不意味着不能批评孩子。表扬和批评都是引导孩子的重要方式，都需要技巧。

教养有诀窍

父母对孩子的教育渗透在日常生活的点点滴滴中。父母希望孩子成为什么样的人,想教孩子学会不做什么、该做什么以及该怎样做,要通过在生活中建立各种规范,并通过和孩子的日常互动,帮助他学习相应的知识和技能,并养成习惯、形成观念。

制定规则

幼儿时期是孩子学习规则、养成习惯、为良好品德的形成奠定基础的重要时期。规则不仅能约束孩子的行为,让他的行为举止符合我们的期望,更重要的是能帮助孩子学习一个合格的社会成员应该怎么做,这有利于他将来在社会生活中表现得更好、更胜任、更愉快,更能发挥自己的作用,同时也能帮助孩子学习自我约束、对自己的行为负责,以及对别人、对家庭承担一定的责任。

此外，规则也向孩子传递着我们的价值观：什么是对的，什么是不能接受的。这对于孩子良好观念的建立会有深远的影响。

- **3~6岁孩子的规则大致可以分成这3类**

  ⊙ 关于孩子自己的健康和安全的规则。比如：按时吃饭、睡觉，危险的地方不能去，危险的东西不能玩等。

  ⊙ 关于如何对待他人的规则。这类规则在孩子的道德发展中非常重要，比如：不许打人、骂人，尊重别人，有礼貌，诚实，守时守信，关心、帮助别人等。

  ⊙ 关于家庭责任的规则。比如：应承担的家务，看望老人的时间安排等。

- **制定规则的方法和技巧**

  好的规则应该可以有效执行，并能帮助孩子进步。制定规则时，父母可以参考下面的要点：

  ⊙ 与孩子一起制定规则。给孩子定规则要考虑他的想法和需要，比如给他安排应做的家务时，要和他商量，听取他的意见。一旦孩子自己参与了规则的制定，那么他更有可能愿意遵守。

  ⊙ 每次制定的规则不要太多。对于三四岁的孩子，每次定一两个规则即可，五六岁的孩子可以每次定两三个，多了孩子记不住。

  ⊙ 规则要具体、明确。说清楚要做到什么、不能做什么，不能笼统。与其要求孩子"避开危险的地方"，不如跟他说明哪些地方不能去。

  ⊙ 规则要与孩子的成熟水平相匹配。比如，对于自控能力差的孩子，就要规定他必须有父母陪同时才能去小区的儿童乐园玩耍。

  ⊙ 一旦制定了规则，就要坚持执行，否则不但达不到目的，还会使规则在孩子心目中失去严肃性，让他感觉可以说一套做一套。但是坚持规则并不意味着要严厉地对待孩子。父母一方面要身体力行，为孩子树立遵守规则的榜样;另一方面还要运用合理的奖惩制度,鼓励孩子遵守规则;此外,还要通过经常性的双向交流,增进孩子对规则的理解,帮助他把规则转变成他的自我要求和价值观念。

倾听,双向沟通

在幼儿期,孩子大多在上幼儿园,每天都会有一些学习活动,也开始体验群体生活,这对他来说不仅新奇,还会有一些挑战,能让他体验到诸多的喜怒哀乐。因此一回到家,很多孩子便想向父母报告、倾诉或提问。父母要争取每天至少安排半小时的亲子沟通时间,比如在晚餐后或睡觉前。

沟通重在双向。亲子之间的双向沟通意味着父母不仅要给孩子讲道理,更需要听取孩子的意见、了解孩子的想法,这样我们对孩子说的话,做出的决定才能更适宜,更有利于孩子的成长。不仅如此,倾听孩子能使孩子感受到父母的尊重和重视,使亲子关系更亲密和谐。

● 反映式倾听

这是一种尊重孩子感觉的态度,表示愿意真诚地了解孩子想表达的意思。这也是一种技巧,它包含下面的几个步骤:

⊙ 专注的态度。停下手里的事,转过身来,弯下腰、蹲下身,或者把孩子抱到胸前,和孩子在一个高度上,注视着他。

⊙ 倾听并推测孩子的感觉。在认真倾听孩

子的话以后，想一想他的感觉可能是什么。

⊙ 陈述或澄清孩子的感觉。把自己理解的孩子的意思说出来，向他求证。比如："和好朋友吵架了，你心里很难过，是吗？"或"你又想去游乐园，又想和好朋友去野餐，不知道怎么选，是吗？"

父母可以按照上面的步骤来练习，逐步掌握反映式倾听的方法和技巧。

当孩子情绪不好、躁动不安或无所适从的时候，运用反映式倾听的方法能够比较有效地帮助孩子平复情绪。一方面，孩子感到自己得到了父母的理解，心情会放松下来；另一方面，这样能帮助他更加清楚地了解自己的感受，常常是当孩子对父母说完后，就知道该怎么办了。

● 运用"我的信息"

"我的信息"是用"我"为主语来表达感受，比如"我很高兴"或"我特别生气"，而避免用"你"为主语来指责，比如"你气死我了"或"你真没礼貌"。

使用"你的信息"大多包含责备的意思，容易伤害对方的自尊、引起抗拒。而运用"我的信息"则是一种用尊重的态度表明自己感觉的方式，更容易赢得孩子的合作。因此，当孩子出现不当行为需要和他沟通并纠正他时，除了反映式倾听，还可以多使用"我的信息"。

一般而言，使用"我的信息"有以下3个步骤：

⊙ 描述具体的事实。如"我们要出门了，要快点穿好衣服"。

⊙ 表达自己感受。如"我很生气"，而不要说"你惹我生气"等使用"你的信息"的话。

⊙ 说明理由或原因。如"因为我们大家都要等你"或"因为我们可能赶不上车了"。

这3个步骤可以用一个简单的公式表达："当……我感到……因为……"

不过这只是每个步骤需要说明的内容，只要能表达出这几个内容，具体词句可以灵活掌握。比如："我刚才看到你推了小弟弟，觉得很担心，因为你这一推，他可能会跌倒受伤。"

● **给孩子有限度的选择**

在纠正孩子的行为时，可以给孩子2~3个选择，让他决定要怎么做。这样一方面可以给他提供一个自主学习和做决定的机会，另一方面也是让他明白生活中有许多事情是不能随心所欲的。使用"有限度的选择"，要以反映式倾听和运用"我的信息"为前提。例如：

"我知道你很喜欢在客厅玩，可是你的声音太大了，我觉得头晕。你是安静点在客厅玩？还是到自己房间里玩？"

"你这样和我说话我很难过，因为我觉得你不尊重我。你可以好好说话吗？要是做不到，我要先离开了。"

最后需要说明的是，在亲子沟通中，要保持心平气和的态度和语气，才能真正有效。

反馈，影响孩子的自我评价

孩子都喜欢听表扬，不喜欢听批评。很多父母也知道要多鼓励孩子。但是这并不意味着对孩子要一味表扬而不能批评。心理学家的实验和日常经验都表明，表扬和批评都是有用的，但如果用不好，就会产生意想不到的副作用。所以，关键不在于是否表扬和批评，而是如何表扬和批评，通过表扬和批评让孩子看到什么。

● **表扬的方法和技巧**

很多父母会表扬孩子"真棒""真聪明"。但心理学家发现，经常被称赞"棒""聪明"的孩子，往往在遇到困难时不想坚持，比较容易放弃那些可能失败但能让自己学到新知识和新方法的任务,而选择自己肯定能成功的任务。这样,他也许保持了能力强或聪明的形象,但却失去了一些进一步发展自己的机会。

如果不是只表扬孩子成功的结果和表现出来的能力,更着重表扬他为取得成功而付出的努力,称赞他使用了有效的方法和策略,那么孩子今后遇到困难和挫折时更可能保持积极自信的心态,更愿意坚持,也更愿意选择有挑战的任务,因此也会有更多自我发展的机会。

所以,当孩子成功时,父母的称赞对他既可能产生积极的影响,也可能产生消极的影响,关键是让孩子从成功中看到什么。

● **批评的方法和技巧**

类似地,如果父母批评孩子"坏""笨""不聪明",会使他把错误或失败归因为自己的能力低、品质差,因而丧失继续克服困难、解决问题的信心。在面临挫折或失败时,他可能不再努力,甚至干脆放弃。

但如果父母能引导孩子从失败或错误中看到自己努力不够,或者使用的策略和方法不适宜、应该调整,那么他更可能坚持尝试新策略或新方法去努力解决问题,而不会轻易放弃努力。

所以,批评同样不一定使孩子丧失信心和放弃努力,关键在于让他从失败中学到什么。

处于幼儿期的孩子,对自己的评价很容易受到父母等成人的影响,所以我们在评价孩子的时候,要启发他认识到努力程度、方法策略运用等因素的作用,为他指出努力的方向,既要避免给他降低自我评价的反馈,也要避免他形成对自己的能力等个人特质的固定的看法。孩子在成长中,他的能力每天都在增长,要引导孩子用发展的眼光看自己,相信自己通过努力能变得更好。

生活有营养

家庭教育是生活教育,是通过日常生活中的点点滴滴潜移默化地影响孩子的过程。父母给孩子什么样的生活,在很大程度上决定了孩子受到的是什么样的家庭教育。经营好家庭生活,是家庭教育的重要部分。

营造良好的家庭氛围

温暖有爱的情感氛围是孩子成长最重要的精神营养。父母要给孩子一个温暖的家,让家充满关爱和温情。和睦的家庭关系,夫妻、亲子、兄弟姐妹之间互相关心和支持的氛围是让家充满爱意的要旨。

● 分担家务

做家务的时候,最好全家一起来,各尽所能,分工合作。做饭时有人择菜、洗菜,有人端盘子递碗,有人掌勺,有人盛饭摆桌子;打扫卫生时有人擦台面,有人擦窗户,有人打扫地面;晾衣服时,有人晾挂大件衣物,有人晾晒小件的袜子、内衣裤等，有人帮着递夹子、晾衣架等。互相搭把手，轻松随意地聊天，也能感受到彼此的陪伴和支持。

● **共享快乐**

一起去锻炼、旅游，或者就是单纯地一起嬉笑打闹，都能增进家人的亲密感。茶余饭后的空闲时间里，全家还可以经常在一起聊些轻松的话题，比如分享各自的感受、收获、见闻，翻看以前的照片、视频，共同回忆相聚的欢乐、温馨时刻。

● **表达关爱**

家人之间不仅要在对方身体劳累、不适或遇到困难、挫折的时候相互照顾、关心，平时也可以通过各种细节表达对彼此的关爱。比如：家人到家时，帮着接一下包、递一双拖鞋、送上一杯水、盛上热饭热汤；自己吃水果或点心时，请家人一起品尝；在家人的重要时刻，到场支持和见证；旅行归来或者节日、家人生日的时候，送一些贴心的小礼物；经常对彼此感恩，互相鼓励……还可以经常通过电话、视频问候祖辈和亲朋好友，举办大家庭或几个家庭的聚会，让温暖的氛围延伸到大家庭中。

支持孩子的生活环境和条件

除了人以外，环境也是教育的重要因素。适宜的家庭环境和生活内容会给予孩子丰富的营养，帮助他更好地成长。

● **让家对孩子更友好**

家中的环境要方便孩子独立、自由地活动，用具要方便孩子亲身参与家庭的各种活动。父母要消除家里的各种潜在危险，让家成为孩子可以安全活动的场所，尽量减少对孩子活动的限制。孩子的床、桌椅、书架、抽屉、柜子等要与他的身高相适宜，坐便器、洗手池要方便他自己独立使用；给他准备小笤帚、小簸箕、小墩布、小抹布等，方便他参与家务活动。

在家里辟出一块地方作为孩子的游戏空间，让孩子可以席地而坐，放松、开心地玩耍。这个空间可以按照孩子的喜好来装饰和布置，比如摆上他喜欢的玩具，贴上他喜欢的画等。

● **让家庭生活丰富多彩**

父母要给自己的兴趣爱好留下空间，在家里备一些相关的书籍、工具、材料等，搭建工作台，并安排出相应的时间来自娱自乐。同时，不管是运动健身、饲养动物、养花种草，还是手工制作或者艺术类的兴趣爱好，都可以让孩子在一边观察和亲身参与，接受启蒙和熏陶。

孩子大一些以后，可以根据家人的兴趣爱好，带孩子一起去看体育比赛、文艺演出等，也可以参加一些适合孩子的游学活动。社区或者机构组织的公益活动、志愿活动，有适合孩子的，也可以带他一起参加，从小体验助人的快乐。

● **挖掘周边适合孩子的去处**

找一找居所周围的绿地、郊野公园、娱乐健身场所等，经常带孩子去户外玩耍，骑车、奔跑、捉虫、捡树叶等。大一些

的孩子，可以根据家人的兴趣爱好选择一些博物馆、游乐场、主题公园等，带孩子去参观、游玩，丰富知识经验、拓宽视野。

善用新媒体

网络和与它相连的屏幕是父母们又爱又怕的东西。一方面，它们带来的诸多便利使我们离不开；但另一方面，我们又担心它们会伤害孩子。"让孩子使用电子产品"还是"不让孩子使用电子产品"，成为很多父母的纠结点。但是不管我们支持还是反对，都无法回避这样一个事实，即电子产品与智能化产品将成为孩子未来生活的重要部分，电子产品将成为他们很重要的学习、娱乐甚至社交的工具。因此，学习如何使用电子产品与学习说话、学习社会规则一样，将成为孩子适应社会的必修课。

一个好消息是：笼统地说电子产品有损孩子的发展并不科学和严谨，就目前的研究结果来看，积极和消极的影响都有。因此，明智的做法是，在不断了解电子产品的优势和风险的基础上，和孩子共享它带来的益处，同时保持清醒，拒绝被它裹挟。

● **让电子产品成为孩子学习和成长的新工具**

新媒体展示了一个有趣、智能化的学习和游戏环境，成为学习的新工具、表达自我和进行社交的新渠道、记录和分享成长的新媒介。

父母要让孩子了解，平板电脑不仅可以用来看动画片、玩游戏，更是打开认识世界新窗口的工具箱：它可以用来查资料、寻找问题的答案；播放音频、视频，方便学习唱歌、跳舞等；它还可以拍照、录音、录像，记录下自己感兴趣的事情，也记录自己的学习和成长过程；它还可以用来直播、制作音视频和与亲朋好友互动，帮助我们学习表达和与人交流……父母可以充分发挥电子产品的功能，带领孩子体验和学会用新媒体来学习，形成媒介传播的基本概念。

● **孩子使用电子产品，父母要做好这几点**

选择。父母要为孩子精心挑选适宜的节目和应用软件。孩子接触的内容要不含暴力、粗话、烟草宣传等不良信息，而且是根据孩子的兴趣、发展需要和理解能力来制作的，形式上色彩鲜明、形象简单、画面较为稳定、音乐柔和。这样的节目和应用软件，不仅会让孩子喜欢看、能看懂和会使用，还会使他愉快，并在注意力、认知灵活性等方面受益。

控制。因为孩子自我控制能力比较弱，为了避免他沉溺在屏幕中，父母要严格控制使用电子产品的时间，尽量将每天使用各类电子产品的总时间控制在半个小时以内。

陪伴。使用电子产品的时间，也应该成为亲子陪伴的温馨时刻。父母可以和孩子一起看动画片、一起用App学习，甚至一起玩游戏。在这个过程中，父母可以了解孩子的想法和对节目内容的理解，并通过讲解、讨论，引导孩子正确认识其中的内容。比如，游戏中的人物可以有很多次生命，而父母要帮助孩子了解，在真实的世界里人的生命只有一次，人死不能复生，要珍惜生命。

● **保持与真实世界的连接**

父母要花更多的时间带孩子离开屏幕，走进大自然、走进真实的生活、与真实的人面对面地交往互动，不断深化和拓展对真实世界的认识。还可以带领孩子在生活中寻找电子游戏的现实版，比如射击、赛车等，让孩子了解到很多电子游戏的源头就在真实的生活中。也可以把电子游戏的内容带到现实生活中，比如寻宝游戏、棋牌游戏等，让孩子体会虚拟世界与真实世界的关联。

【3~4岁】

本阶段孩子身心发展

体格发育

3.5岁，男孩平均身高100.6厘米，体重15.63千克，女孩平均身高99.4厘米，体重15.16千克。

4岁，男孩平均身高104.1厘米，体重16.64千克，女孩平均身高103.1厘米，体重16.17千克。

运动能力

可以毫不费力地站起、跑跳、大步前行。动作很灵活，可以随意地向前或向后移动。可以很熟练地骑三轮车。

可以踮起脚尖、单脚跳或单脚站立片刻，但动作还不熟练。可以比较自如地上下楼梯。可以把球踢出去或者将球从手里抛出，但接球还比较费力。从蹲姿站起还有些不稳。

【3~4岁】

精细动作的发展有很大进步，可以协调几根手指的活动，握笔的姿势从用拳头握到变成像大人一样，将拇指放在一侧，其他手指放在另一侧的握法。可以将积木搭高，将水壶里的水倒进杯子里，自己解开衣扣，或者是扣上扣眼较大的纽扣，可以比较准确地用勺子将食物送入口中。喜欢尝试运用各种工具，比如蜡笔、橡皮泥、安全剪刀，会穿珠子、玩沙子。

语言能力

还无法用语言准确地表达自己的想法和心情，会依靠肢体动作更多一些。

到3岁时，掌握的词汇应该达到300个以上，并能模仿成人的大部分发音，可能喜欢用词汇自组一些句子，最多可以说出含有5~6个词的句子，会运用掌握的词汇讲他听熟了的故事。

此时很难掌握"我""我的""你""你的"这些词的使用方法，这是因为他的个体意识和物权意识还没有发展完全，需要用较长的时间去理解和区分。

对一切都感到好奇，喜欢提问，但对于成人太过于复杂的回答似乎又不感兴趣，因此回答孩子的问题只要简单明了即可。

社交能力

对有计划的游戏更有兴趣，可以安心地花较长时间从事一种活动，但更喜欢和其他孩子一起做游戏，比如追逐和踢球。开始交朋友，对别人的感受和行为更加在意和敏感，也在学习分享和提出请求，懂得用轮流、交换的方式而不是用争抢的方式来解决与小伙伴之间的纷争。

喜欢角色扮演游戏，想象力越来越丰富。会把对生命物体的情感用在没

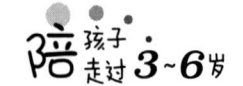

有生命的物体上,也就是处在俗称的"泛灵论"阶段。有大量的幻想,比如幻想出朋友,幻想出自己做了什么,但有时也有可能被自己的幻想吓到。

小提醒
注意安全
这个年龄段的孩子处于运动能力迅速发展的时期,非常渴望探索自身运动能力的极限,以验证自己的独立性,但是自控能力和协调能力尚未发育成熟,也几乎没有对危险的判断力,所以成人的监护就变得特别重要。
但是,在呵护的同时,成人又不能对孩子干涉过多,在给孩子划定的相对安全的范围内,要允许孩子按照自己的步调探索,有更多的自由,而在环境不可控时,要格外注意监护,避免意外的发生。

健康、安全地生活

专心吃饭

父母经常会有这样的苦恼：孩子总是不好好吃饭，要不就是挑食，要不就是边吃边玩……怎样才能让孩子专心吃饭呢？

● **让孩子愉快进餐的要诀**

每个孩子都有饥饱的感觉，吃多吃少完全可以由他们自己来决定。无论在哪个年龄段，要想让孩子建立良好的饮食习惯、专心吃饭，前提条件都是让孩子与食物愉快接触，以轻松愉快的心情进餐。

⊙ 不要强迫孩子进食。吃什么、何时吃由父母决定，至于吃多少，由孩子自己决定。

⊙ 为孩子提供各种健康、美味的食物。

⊙ 按照规定时间为孩子提供正餐和加餐。

⊙ 进餐时为孩子营造愉快的交流氛围，关掉电视，享受亲情。

⊙ 进餐时为孩子树立好的榜样。

⊙ 不要用食物奖励或惩罚孩子。

⊙ 让孩子参与制订膳食计划、购买和制作食物的有关讨论。

⊙ 在餐桌上鼓励并培养孩子良好的进餐举止。

● **增加食物的吸引力**

研究表明，某些营养素与人体免疫力密切相关，其中特别引人注目的是铁、锌和维生素A、维生素C等。充足均衡的营养对提升免疫力很重要，牛肉、瘦猪肉富含铁和锌；绿色或橙色的蔬菜水果富含维生素C和能转化为维生素A的胡萝卜素；酸奶有帮助人体肠道内正常菌群生长而抵抗致病菌的作用。与此相反，纯糖食品，包括含糖的果汁饮料则会降低免疫细胞的活力，削弱它们对病原微生物的反应能力，应尽量少吃。

很难让孩子对每一种食物都乐于接受，我们大人也做不到什么都爱吃。对于孩子不喜欢的食物，可以发挥一些创意，在制作、造型、点缀、色彩搭配等方面动些脑筋，从而增加食物对孩子的吸引力。

● **让进餐时间成为家庭共享时光**

与家人共处可以让孩子学到很多东西。家人之间可以互相影响，包括对食物的态度也是互相影响的。因此，在全家一起进餐的时候，父母要为孩子树立好的榜样，使孩子从小学到如何正确地选择食物，养成良好的进餐习惯，从而受益终身。

- **允许孩子偶尔有一餐不吃或挑食**

　　儿童期的偏食或挑食、对新添加食物的恐惧及所遇到的其他喂养困难通常属于孩子成长的一部分。因此,当孩子一顿饭不吃或拒绝吃盘子里面的某种蔬菜时,父母不需要过分担心,只要坚持每天为孩子提供丰富多样的健康、美味、富含营养的食物即可,孩子通常都能获得其生长发育所需的各种营养素。

　　由于孩子经常会把餐桌作为其展示独立个性的舞台,因此有的时候吃什么食物似乎并不重要,而进餐的过程却是孩子感知世界的一个重要途径。

按时睡觉

　　睡眠对于孩子来说意义重大,好的睡眠不仅能让孩子有饱满的精神,更是孩子生长发育的保证。要想让孩子获得高质量的睡眠,规律的睡眠习惯很重要。所以,父母要帮助孩子养成按时睡觉、按时起床的规律作息。

- **入睡时间有讲究**

　　生长激素的分泌是有特定的昼夜规律的,每天夜间10点至凌晨1点是分泌的高峰期,分泌量可占到全天分泌量的20%~40%。因此,让孩子在晚上8~9点左右睡觉最为适宜,入睡后半个小时进入深睡期,而深睡1个小时以后即进入生长激素分泌的高峰期。如果入睡过晚,则可能影响生长激素的分泌。

- **帮助孩子按时入睡的5个方法**

　　⊙ 白天别让他睡太久。白天小睡即可,尤其是下午,不要让孩子睡的时间过长,而且不要太接近晚上睡觉的时间,否则孩子就容易晚睡。

　　⊙ 营造睡眠环境。睡觉前,给孩子洗个澡,讲个故事,调暗光线,营造出"要睡觉了"的氛围。时间长了,一到这个时候,孩子的"瞌睡虫"自然就来了。

⊙ 晚上别吃太饱。如果晚餐吃得过饱或吃的东西热量太高，食物停滞在胃里，孩子会因肠胃不适而睡不着。

⊙ 别玩容易令人兴奋的游戏。父母如果回来得比较晚，就不要再和孩子玩容易令他兴奋的游戏。陪着他说说话，念一段儿歌，讲讲故事，这样既让孩子有安全感，又不会令他因为过于兴奋而睡不着。

⊙ 白天充分活动。孩子玩累了，睡得就特别快。所以，要让孩子在白天有足够的运动量，这样，他晚上早早就会困了，入睡快，睡眠质量也好。而晚上睡得好了，第二天才能精力充沛地玩。

小提醒

不随意改变睡眠时间，一旦给孩子规定好上床睡觉的时间就不要轻易改变。

不要让孩子感觉到自己是被催促上床的，心情轻松，孩子更容易入睡。

不要随便放弃，按时睡觉这一习惯的养成非一朝一夕之功，需要父母更多的耐心。

规律排便

孩子每天定时排便，粪质在结肠内停留的时间短，大便就不会太干，容易排出。保持大便通畅，保持孩子肠道功能的正常，有助于防病，让孩子更健康。排便是反射性运动，孩子经过训练是可以养成按时排便的习惯的。孩子两三岁后，能坐稳并能理解大人的意思了，这时可以开始训练他坐便盆排便。吃饭后肠蠕动会加快，常会出现便意，可以选择在进食后让孩子排便，每次10分钟左右。连续按时执行半个月到一个月就能养成习惯，养成后不要随意改动时间。

坚持锻炼

运动能增强体质、增加食欲、促进睡眠,这些都是提高孩子免疫力的关键。户外运动时,阳光中的紫外线可以促使孩子的皮肤中产生维生素D,而维生素D也是一种重要的维持人体免疫功能的营养素。

如何帮助孩子养成坚持运动的习惯呢?最关键的是要让孩子爱上运动,这样才能保证他能把做运动当成一种爱好坚持下来。

重视运动,做好运动保护。父母首先要重视运动,尽量结合年龄段来培养孩子对运动的喜爱。周末的时候,父母可以多带孩子进行一些户外运动,如果天气不好,也可以借助家里的沙发、枕头、床单等和孩子玩一些亲子运动游戏。

从孩子的兴趣出发。在日常生活中观察孩子的喜好,从孩子喜欢的事物切入,帮他拓展更多的运动经验。不同的运动行为能发展不同的运动能力,锻炼的同时也增加了许多乐趣,能够让孩子坚持下去。

创设有趣的游戏情境。孩子运动时,切忌单纯地锻炼技能,如只是走、跑、跳等,这种枯燥的练习无法激发孩子对运动的兴趣。适当地加入游戏情境,编造一些情境和故事,便可充分调动孩子的积极性,孩子才能更投入、更积极地在游戏中得到锻炼。

用父母的运动热情带动孩子。想要孩子热爱运动，父母就要以身作则，通过榜样的影响作用来提高孩子对运动的热情。父母在和孩子一起运动时，可以将运动带来的快乐用语言、动作、表情表现出来，并且表现出享受与孩子一起做运动的过程，努力营造开心、相互鼓励的氛围，切忌站在一旁对孩子指手画脚，当孩子运动的指挥官。

注意卫生

良好的环境和个人卫生有助于孩子免疫力的提升。要保持居室空气新鲜，经常开窗通风；二手烟对孩子的免疫力有很大的损害，应该坚决避免；避免去人多拥挤的场所，也避免孩子与正在感冒的人接触；经常洗手。但这并不是说不让孩子接触细菌，实际上应该让孩子有机会少量接触病原微生物，这样既能刺激抗体的产生，获得主动免疫力，又不至于使孩子得病。

孩子3岁后，已经开始上幼儿园。在幼儿园过集体生活，孩子需要具备一定的生活自理能力。而且入园后，孩子接触的人多了，环境也复杂了，要注意预防疾病传染，而养成爱干净的良好个人卫生习惯，可以帮助孩子更好地适应集体生活，更好地预防疾病。

● **掌握简单的自理能力**

教会孩子一些基本的生活自理能力，如自己穿脱衣服，自己穿鞋子等。

教会孩子自己上厕所大小便，自己擦屁股，如果是女孩，要告诉她从前往后擦。

● **养成良好的卫生习惯**

○ 勤洗手。很多传染性疾病都是通过"手—口"途径传播的，正确地洗净双手，可以显著减少手上所带的各种病原菌，有效预防疾病。所以，洗手可以说是日常生活中最简单有效的防病措施，是预防疾病的第一道防线。吃饭前、大小便后以及手脏的时候，都要提醒孩子洗手，要使用洗手液或肥皂，充分揉搓出泡沫，手背、手指间、指甲缝等部位都要洗到，然后用流动水冲洗干净，并用干净的毛巾擦干手。

⊙ 常洗澡。经常洗澡可以保持身体的清洁，避免疾病。让孩子知道洗澡、洗头可以让自己干净清爽，让自己更健康，也能更受大家的喜欢。

⊙ 早晚刷牙、饭后漱口。良好的口腔卫生习惯要从小养成，吃完饭或吃完零食后，让孩子漱漱口，冲掉口腔里的食物残渣。早晚各刷一次牙，去除牙齿上附着的软垢，是预防龋齿的有效方法。

⊙ 做好防护，利己利人。感冒或传染病高发期时，外出要戴好口罩；咳嗽、打喷嚏的时候用纸巾或手肘捂住嘴；上完卫生间后要冲水。这些卫生习惯是有效预防疾病传播的方法，既能保护自己，又能保护他人。

> **小提醒**
> 父母和孩子都要保持爱干净的卫生习惯，但一定要注意干净的度，不要为了清洁而在家中经常使用消毒剂，也不要让孩子经常用消毒纸巾擦手。用消毒剂消毒家具、玩具，用消毒纸巾擦手，残留的消毒剂会在孩子吃手、抓东西吃时被孩子吃到肚子里，会杀死一部分肠道内的菌群，导致孩子菌群失调，反而容易生病。

免疫接种

免疫接种是一种最有效的、安全的提升免疫力的方法。除了按时带孩子接种国家和地方规定的计划内疫苗以外，还可以根据当地疾病流行情况和孩子的身体状况，选择一些自费接种的疫苗，以提升孩子的免疫力。

学习恰当表达情绪

情绪的表达和调节是一个人一生都需要学习的。随着孩子年龄的增长，他们的情绪也越来越丰富，会真实地感受喜怒哀乐。但同时他们的心理发育水平和语言表达能力尚在发育阶段，因此在情绪表达和调节上也会遇到不同的挑战，父母要根据不同年龄段的孩子的特点，抓住机会，帮助孩子提高情绪的表达和控制能力。

父母可以和孩子一起谈论自己高兴或生气的事，鼓励孩子与人分享自己的情绪。允许孩子表达自己的情绪，并给予适当的引导。如孩子发脾气时不去硬性压制，等其平静后告诉他什么行为是可以接受的。发现孩子不高兴时，主动询问情况，帮助他们化解消极情绪。

这一阶段的父母可能会面临一个小挑战，就是孩子在公共场合大哭大闹。其实父母的处理办法取决于如何摆放自己的位置——如果父母觉得孩子大哭的行为让自己很丢脸，那么他下意识的处理方式肯定是强压式的，会对孩子大吼："别哭了，赶紧给我停！"那么孩子看到父母恼怒的样子，一定会觉得自己的行为让父母丢脸了，但同时孩子又觉得很委屈，因为没有人关心

【3~4岁】

他当下的感受是什么,他可能会想:"爸爸妈妈不满足我的要求,还不允许我伤心难过!"所以可能会哭得更厉害。在公众场合遇到这样的情况,父母可以把孩子带到相对安静的地方,允许他先发泄情绪,让他知道他的情绪是可以表达的;也可以带孩子一起深呼吸,先平复情绪。等孩子情绪稳定之后,父母要问清楚孩子哭闹的原因,并合力解决问题。"你为什么哭啊?"这是一个很无效的问题。重点应该问:"你能告诉爸爸/妈妈发生什么事了吗?"在问题解决之后,父母一定要告诉孩子,哭闹解决不了问题,下次如果遇到相似的情况,还可以用哪些方法和爸爸妈妈商议。

学会适应新环境

孩子大脑发育和身体发育都需要环境的刺激。3~4岁的孩子正处于幼儿园阶段,走出家庭,进入了一个"小社会"。在这样一个不同于家庭环境的新环境中,孩子需要在其中找到自己的角色,适应不同的物理环境和人际环境。在新的环境里,孩子的独立性会得到锻炼,人格也会逐渐强大。

其实父母可以有很多方式帮助孩子接触和适应新环境,比如旅行。在旅行时,父母和孩子在一个相对陌生的环境中,不停地去发现和探索,所谓"读万卷书,行万里路",从乘坐交通工具开始,孩子就进入了一个新的环境,一切都是新鲜的,这一路的风景,一路的亲子交流,包括旅途中的小插曲,都是对孩子适应新环境的锻炼,是孩子的宝贵财富。又如节假日的家庭聚会和朋友聚会,也是帮助孩子适应新环境的一个很好的方法。

父母是孩子的老师,父母和朋友的交流方式、父母的处事方式都是孩子模仿的对象。在一个新的环境中,父母可以带着孩子一起去适应环境,去结交朋友,去处理突发情况等。这个年龄段的孩子正处于极度渴望探索新环境和新事物的阶段,父母应该为孩子创造一些条件,让孩子去接触陌生的人和新鲜事物，帮助孩子培养适应新环境的能力，这也同样是孩子成长阶段中不可或缺的能力。

避开危险源

三四岁的孩子好奇心强又好动，但他们又不知道哪些东西、哪些地方是危险的，父母要提醒他们避开危险，安全地活动、玩耍。

● 在室内

⊙ 让孩子知道家里哪些东西不能碰、不能玩，比如电源开关、煤气、开水、刀、打火机等。

⊙ 教孩子认识各种洗涤用品，告诉他这些物品的用途和用法，叮嘱孩子这些东西一定不能吃，否则会有危险。

● 在路上

⊙ 告诉孩子简单的交通安全常识，比如红灯停，绿灯行。行人过街要走过街天桥或斑马线。

⊙ 让孩子熟悉身边各种警示标志所代表的含义，比如防触电，防坠落等。

⊙ 坐车时，叮嘱孩子任何时候都不能把头或手伸出车窗/天窗外。车门的开关处绝对不能动。下车后，告诉孩子千万不能从车尾绕道走。

⊙ 经常提醒孩子，平时在小区玩的时候，不要在汽车的周围玩耍，也不要在车库的入口、出口处玩耍。

● 在游乐场所

⊙ 在攀登架、滑梯、跷跷板、秋千和其他活动设施上玩耍的时候，不能推别人，也不能互相打闹。

⊙ 按照正常的操作程序来活动，比如滑滑梯的时候，脚朝下滑，不要从外面的栏杆翻到滑梯上；不要站在秋千上荡秋千等。

⊙ 游乐场的设备如果是湿的，先不要玩耍，因为器械在湿的时候会变得非常滑。

⊙ 不要把滑板车、皮球等东西放在器械周围，以免自己和别的小朋友玩耍时被绊倒。

⊙ 在活动场地玩耍的时候，不要拿着细绳或背着小包，以防无意中挂在器械上造成意外。

> **小提醒**
> 即使时时提醒孩子注意安全，父母仍然是保证孩子安全的主要守护者，无论是在家里还是在公共场所，都要看护好孩子，不能提醒完孩子就认为孩子能记住了、能做到了。

安全地与人交往

这个年龄段的孩子，喜欢并渴求与别人交往，父母一方面要鼓励孩子多与人交流，另一方面也要告诉孩子一些与人交往时的安全常识和自我保护的方式。

● 和陌生人接触时

告诉孩子，不认识的人给玩具或食物时不要接受，更不能跟陌生人走。也不要随意告诉不认识的人自己和家人的姓名、电话。如果被不认识的人带走，要大声向周围的人呼喊求救。

● 向什么人求助

当孩子需要求助时，求助的对象与他的安全息息相关。要告诉孩子，如果在公共场所和爸爸妈妈走失了，可以找警察、售货员、保安，请求他们的帮助。

- **当别人想接触自己的身体时**

　　要让孩子知道，人和人是有亲疏远近的，要懂得保护自己身体的各个部分，知道什么地方是别人不能碰的。不过一些专业人士，比如医生，在检查身体的时候可能接触自己的身体。拥抱、拉手、脸颊吻也是留给亲近的人的。这不仅仅是在教孩子自我保护的技巧，也是在向孩子传达一种自尊的声音，要让孩子明白："自己的身体自己做主，没有经过自己的同意，别人不可以碰自己。"同时，父母要教会孩子，如果遇到麻烦，一定要告诉爸爸妈妈。

护佑孩子安全成长

　　父母一方面要培养孩子的安全意识，另一方面，也要提高自己护佑孩子的意识和能力，毕竟孩子还小，需要在父母的呵护下安全成长。

- **给孩子提供安全的生活环境**

　　根据孩子的年龄调整家具的摆放位置，清理家中的零碎物品，必要时可以更换部分家具，将可能出现的危险和隐患去除，一个安全、舒适的家居环境，有利于孩子放心大胆地探索，也能让父母更安心。

- **掌握基本的安全常识**

　　⊙ 在公共场所要注意照看好孩子。

⊙ 孩子乘车、乘电梯时要有成人陪伴。

⊙ 不把孩子单独留在家里或汽车里。

⊙ 私家车一定要安装和孩子年龄相符的安全座椅。

⊙ 在水边，无论是游泳池还是海边，要有专人看护孩子，一分钟也不能离开。

⊙ 过马路的时候要等行人通行的绿灯亮起时再走，而且要牵着孩子的手不放开。

● **培养孩子自我保护的能力**

孩子不可能时时处于父母的保护之下，他总是要离开父母的视线，去探索自己的世界的。对孩子最好的保护，就是教会孩子自己预防危险，让他学会如何自我保护，这样才能使他对危险有正确的认识，即使有一天离开了父母的视线，他也能很好地保护自己。

● **护佑孩子安全，但不过度保护**

把孩子保护好，让他平安长大，是父母的职责，但这并不意味着把所有的事情都帮孩子安排好，压根儿就不让孩子知道什么是危险。想让孩子生活在一个绝对安全的世界里是不可能的，过度保护会使孩子失去抵抗和防御危险的能力，一旦离开了父母的保护，孩子会完全不知道怎么去应对危险，或是莽撞行事。所以，让孩子了解各种危险，让他建立起安全防范的意识，是对他生存本领的一种培养。

爱学习，会学习

在交流中学习语言

  其实父母和孩子的交流从孩子出生那一刻就开始了，孩子从咿呀学语，到3岁左右能够比较流利地完成日常交流，其实都是孩子在与成人的无数次交流中习得的。语言作为沟通的工具，听懂说清是最基本的要义，但语言也分为书面语和口头语，书面语可以帮助孩子丰富词汇量，明白话语中的内在逻辑，对以后的写作也会有很大的助益。父母可以与孩子一起制订阅读计划，在亲子共读中，去品味和学习图画书中的语言、古诗文中的语言，引导他以自己的经验为基础理解图书的内容。父母还可以和孩子一起玩看图说话、你画我猜等游戏，多给孩子提供倾听和交谈的机会。如：经常和孩子一起谈论他感兴趣的话题，或一起讲故事，模拟家庭情景剧，还原动画片剧情等，引导孩子仔细观察画面，结合画面讨论故事内容，学习建立画面与故事内容的联系。在对话和交流中学习和丰富语言，提升表达能力。

【3~4岁】

在重复中发现新知、构建新知

很多父母经常会纠结一个问题：我的孩子是不是有"强迫症"？为什么一本书都翻烂了也仍然只看这一本，为什么同样一句话每天要重复无数遍？其实，这个年龄段的孩子正处于学习和探索阶段，他们如同一块海绵，在不停地吸收知识。对于大人来说，这是一本很简单的书，但是对于孩子而言并不是这样的。比如他们一直都在重复读一本书，但每一次的收获却是不同的，可能第一次关注到了图画中的一颗星星，第二次注意到了角落里的橡皮，第三次发现小猫咪少了一根胡须……对孩子而言，每一次的重复都是在发现新的知识，并且用新的发现再去构建另一个新的知识。

孩子也是需要"唠叨"的，重复读一本书，重复说一句话，重复做一件事……这些重复并不是无意义的，他们是在强化认知并自我消化，这无疑是一个非常好的自我学习过程。父母不要试图阻止，也不要给孩子贴上"强迫症"的标签，最好的办法，就是父母陪同孩子一起，共同在重复中发现新知、构建新知。

文字、符号有大用

根据国家颁布的《3~6岁儿童学习与发展指南》的要求，3~6岁的孩子应该对生活中常见的标识、符号感兴趣，知道它们表示一定的意义，对图书和生活情境中的文字符号感兴趣，知道文字表示一定的意义。这一阶段，孩子开始有了抽象思维，开始认识数字、字母、文字和图标，从形象到抽象过渡。

父母可以将孩子的识字融入到生活中，帮孩子自然地利用各种生活场景来认识汉字。公交和地铁站的名称、立交桥上的牌子、街道的指示牌、楼房上的楼号、小区里的防火宣传栏、公园里的路标、菜市场和超市里的商品标签，

都是孩子自然识字的好素材。车在高速公路上行驶，如果风景看腻了，这时候正好可以让孩子观察一下路上的车和相应的符号，比如"燃"字的旁边是小火苗。这样的场景都是孩子在有意义的情境下认识汉字和认识图标的好机会，既能让孩子加深对汉字的记忆，也能够获得对字义的理解。试想一下，当孩子能够看懂地铁线路图、机场指示牌和公园路线图的时候，孩子会不会感觉到自己很能干，从而对认识文字和认识符号更有兴趣了呢？

爱上涂涂画画

不懂艺术的普通父母能不能在绘画这件事上帮到孩子呢？虽然不能教给孩子绘画技巧，但是在思维的启发和拓展上，普通父母有可能做得比绘画班的老师还好。首先要引导孩子多观察，因为孩子的认知水平还在不断发展中，父母可以在平时的生活中引导孩子"看见"，帮助孩子学会观察，再借由画笔表达出来。比如孩子最近特别喜欢画鱼，那我们可以带他去海洋馆，和他一起观察鱼，再引导孩子去观察细节，孩子就会发现原来这条鱼的花纹是条状的，那条鱼的花纹是圆点的；这种鱼细细的，那种鱼胖胖的……父母也要多和孩子交流他的"大作"，让他用多种方式讲述自己的作品。父母可以表示特别好奇,特别想知道孩子在画什么,是怎么想的,然后可以就孩子想到的再给予拓展和启发。

让孩子爱上涂涂画画,父母切记不要以"像不像"来评价孩子的画。很多成人在走进美术馆时,会表示看不懂一些艺术大师的画,因此不知道他们画的是什么。其实儿童画在某种程度上,和大师的作品非常相似——我们不了解他们背后复杂的思维活动,所以不能单纯地以画得"像不像"来评价。即使画得"像",我们也不要以此作为对孩子的绘画的最佳肯定方式,而是要用"想象力丰富""构思巧妙""线条流畅"等话来鼓励孩子,这样孩子会更加热爱涂涂画画。

感受身边的物理

物理其实是很有趣的自然学科,很多父母会觉得那些高深复杂的物理概念孩子是听不懂的,其实不然,物理并不局限于科学公式,对孩子而言,物理就是身边的一些有趣好玩的事。孩子的思维还没被固化,他们的思维灵活又跳脱,不会像成人一样去追求一个严谨的逻辑。比如,成人无法理解什么是量子物理,但是孩子却可以听得津津有味,孩子认为任何地方都可能会突然出现一个物体或者一个人,就好像捉迷藏游戏一样,这就是孩子喜欢躲猫猫游戏的原因。这种思维方式,就是研究量子物理的基础。我们成年人可能无法理解,但孩子就能很简单地理解,并且还是在游戏中理解的。

所以,父母应该先撕掉自己给物理学贴的标签,积极陪伴孩子去了解生活中的物理常识,将物理融入到生活之中。父母可以给孩子提供丰富的材料和适宜的工具,支持孩子在游戏过程中探索并感知常见物质、材料的特性和物体的结构特点,比如水、冰和水蒸气,它们从温度到状态都是不一样的,比如塑料瓶和玻璃瓶掉落时的状态也是不一样的。这些都是生活中常见的事物，也是很轻松简单的亲子游戏，父母应该支持孩子在接触自然和生活事物时积累有益的直接经验和感性认识。

发现生活中的数学

很多父母认为孩子学习数学就是学习数数、学习加减运算，其实幼儿阶段的数学学习，并非数数那么简单。数学的魅力在于它是一种思维方式，而在生活中运用生活场景、游戏、玩具，能轻松帮孩子建立和培养数学思维，种下学好数学的种子。父母在与孩子开展数学相关的活动时，如果不了解幼儿阶段的数学包括哪些内容，数学学习有怎样的特点，仅凭自己的直觉经验，既容易导致学习内容片面化的问题，也容易出现教育方式不当的现象。不仅难以达到良好的效果，甚至会产生孩子排斥学数学的问题。

因此，父母需要从幼儿阶段数学学习的内容、数学认知能力的结构特点及数学思维技能的发展特点等方面，全面把握住数学思维的特点及规律，才能激发孩子学数学的兴趣，轻松、有效地进行数学启蒙。比如，和孩子一起去寻找和发现生活中用数字做标识的事物，如电话号码、时钟、日历和商品的价签等；鼓励和支持孩子发现并尝试解决日常生

活中需要用到数学的问题,体会数学的用处,比如:可以请孩子帮忙摆餐具,让孩子明白几个人摆几套餐具,还可以明白一双筷子就是两根筷子等。

棋牌类游戏是学数学的好帮手。想让孩子在游戏中学好数学,需要父母细心地发现一些适合孩子的游戏,对于3~4岁的孩子来说,棋牌类游戏确实非常不错,能够让孩子在轻松愉悦的亲子时光里奠定数学基础。父母也可以尝试给孩子少量零花钱,让孩子在去超市的时候,可以自由支配,购买自己喜欢的食物或者小玩具。孩子在支付的过程中,也能逐渐学会简单的加与减,在生活中发现数学的奥秘。

感受生活中的美

如果孩子感受美的能力强,那么他的幸福感也会增加。其实生活中到处都是美的事物,只是我们缺少发现美的眼睛。对孩子而言,花草树木是美的,鸟虫鸣叫是美的,手舞足蹈是美的……父母应该陪伴孩子一起,去发现和感受生活中的美,培养审美能力,爱生活。这里可以给父母一些小提示:

⊙ 可以让孩子倾听和分辨各种声响,引导孩子用自己的方式来表达对音色、强弱、快慢的感受。

⊙ 可以让孩子观察常见的动植物以及其他物体,引导孩子用自己的语言、动作等描述它们美的方面,如颜色、形状、形态等。

⊙ 支持孩子收集喜欢的物品并和他一起欣赏。

⊙ 鼓励孩子在生活中细心观察、体验,为艺术活动积累经验与素材。如:观察不同树种的形态、色彩等。

⊙ 尊重孩子的兴趣和独特感受,理解他们欣赏时的行为。如:理解和尊重孩子在欣赏艺术作品时的手舞足蹈、即兴模仿等行为。

⊙ 营造安全的心理氛围,让孩子敢于并乐于表达、表现。如:欣赏和回应孩子的哼哼唱唱、模仿表演等自发的艺术活动，赞赏他独特的表现方式。

感受语言之美

　　文学作品可以呈现出孩子对成长的一种假想，成为孩子连接日常生活和更广阔世界的桥梁，甚至可以把他带到一个虚拟的想象世界中去体验和冒险。在这样的探索中，孩子的阅历会增加，技能会提升，更重要的是，它可能会帮孩子树立正确的人生观、价值观、世界观。文学作品对孩子的语言能力、理解能力和艺术鉴赏能力都有很大的帮助。最重要的可能是文学作品的那种"无用之用"，它会让孩子感受到语言之美，体验到人生的价值和意义，以及生活的乐趣，这是孩子在其他的一些活动中难以体验到的。

　　如果把读书的过程看作一种游戏，孩子就会爱上读书，爱上表达，因为没有孩子是不爱玩游戏的。父母首先要确立一种观念——阅读本身就是一种游戏，如果以游戏的方式和心态来跟孩子阅读，去感受语言之美，孩子会慢慢建立起对阅读的喜爱、对语言的喜爱。尤其是在孩子小的时候，亲子阅读时的互动非常重要，孩子如果在和父母的亲子共读中能和父母有亲密的身体接触，总是保持愉快的情绪，获得幸福的体验，他就会对阅读这件事情产生兴趣。

　　另外，孩子是不是真的喜爱阅读，很多时候也取决于父母是不是真心喜爱。真心喜爱的状态是很难伪装的。很多父母带孩子读书时，如果也是发自内心喜欢书里面的内容，那么大人的语音、语调会随着情绪而有变化，读书也会变得有意思，亲子共读也会变得相对简单，引导孩子去感受语言之美就成了一件水到渠成的事。

养成良好品行

自己的事情自己做

"儿童的智慧在他的手指尖上",教育家苏霍姆林斯基的名言道尽了让孩子自己动手的重要性,我国著名教育家陶行知先生也提出了"手脑并用"的理论,强调发展孩子的动手能力有利于孩子智力的发展。动手能力强的孩子,不仅能掌握更多的生活技能,如吃饭、穿衣、洗脚等,生活自理能力强,其手、眼、脑的协调性也明显高于未经训练的孩子。促进孩子的全面发展,从动手能力的培养开始,不失为一种捷径。如何让孩子能够自己的事情自己做,其实这里面也有很大的学问。

● **只做力所能及的事**

首先,父母应该挑选出孩子现阶段可以掌握的日常行为让孩子自己做,比如用筷子吃饭,自己穿衣、洗脚,自己叠被子等。能做好的,让孩子先做起来,孩子越做越熟练,得到的表扬越来越多,这会增强其自信心,激发进一步动手的热情。父母应该尽量避免让孩子去做现阶段难度较大的事，如洗衣服（可以让他洗洗自己的小袜子）、搬重物等，如果孩子很努力还是做不好，会严重打击他的自信心，甚至让他对事情本身产生畏难和厌恶的情绪。

● **每次只学一件事**

在培养孩子自理能力的时候，父母应该记住这样一个原则：某一时间只让孩子学做一件事，既学得快，孩子也容易获得成就感，每天巩固，孩子学起来又不会累。决不能同时让孩子学三四项技能，那样孩子需要同时琢磨如何把多件事做好，会时刻处于紧张状态，顾此失彼，如果父母的要求再严格一些，会让孩子怀疑父母一点儿也不爱自己。

● **父母要耐心引导**

父母教孩子要有方法。有时候父母觉得让孩子自己琢磨，或心不在焉地敷衍几句就可以锻炼孩子的独立性，其实这是父母在偷懒，对孩子帮助不大。父母应该将一件事情的步骤细致分解，告诉孩子每一步如何操作，孩子学起来既快又轻松。比如教孩子学扣扣子，从下面扣起，先把扣子的一半塞到扣眼里，再把另一半拉过来，父母用慢动作示范，让孩子反复练习，就能自己掌握了。

● **放手让孩子去做**

当孩子开始自己做事时，他们也需要暖心的鼓励。父母一定要避免对孩子说出"太慢！""真笨！""这点事都做不好！""怎么还没学会！"这些打击孩子的话，只要在安全范围内，都应该放手让孩子试一试。哪怕真弄得乱七八糟，大不了和孩子一起收拾，又能有多少工作量呢？保持住孩子对自己做事儿的兴趣，才是一本万利的事！

● **多一点赞美**

父母要感谢孩子的帮忙，让他们意识到自己很重要，这也是聪明父母的做法。如果孩子帮妈妈收拾好房间,妈妈可以看着整洁的屋子说:"因为宝贝的帮忙,我们的屋子看上去才能这么整齐、干净。"等爸爸回家后,妈妈请爸爸也认真看看和孩子一起收拾好的屋子,让孩子体会到劳动带来的成就感。

礼貌地与人交流

有礼貌、懂感恩是一种美好的品质。在日常生活中,父母要积极引导,让孩子从学会说"谢谢"开始,种下一颗感恩的种子。礼貌地与人交流,是孩子社交能力重要的一部分,也是他在大社会和小集体中必须具备的能力。想让孩子能够礼貌地与人交流,父母的以身作则非常重要。父母应该引导孩子学会认真倾听,如:对孩子提要求和布置任务时要求他注意听,并鼓励他主动提问。引导孩子清楚地表达,如:当孩子因为急于表达而说不清楚的时候,提醒他不要着急,慢慢说;同时要耐心倾听,给予必要的补充,帮助他厘清思路并清晰地说出来。帮助孩子养成良好的语言行为习惯,如:结合情境提醒孩子一些必要的交流礼节,对长辈说话要有礼貌,客人来访时要打招呼,得到帮助时要说"谢谢",与人交流要有称呼等。并且提醒孩子遵守集体生活的语言规则,如轮流发言,不随意打断别人讲话等。

与小朋友快乐交往

有的孩子内向,不善交往,在交往中总是吃亏、受欺负;有的孩子霸道任性，动不动就打人、骂人、抢东西，很难交到朋友……培养孩子的交往能力，让孩子与同龄人快乐地交往，需要根据他自身的行为特点因材施教。

● 引导孩子学会体察他人的情感

孩子虽然小，但我们依然可以通过读故事、看动画片、做游戏等多种方式，教他通过观察他人的表情、动作来认识情绪变化，比如："看，那个小姐姐伤心得哭了。""奶奶这会儿心情很好。"还可以继续引导孩子思考自己的行为会对他人造成怎样的情感变化。特别是在生活中遇到一些实际问题时，要让孩子先自己辨别、领会，再和孩子进行讨论。学会体察他人的情感，能让孩子找到适宜的机会和别人交往。

● 培养孩子遵从规则的意识和习惯

引导孩子学习遵守规则，使孩子学会运用行为准则来约束自己。日常还有很多生活游戏，都是给孩子讲游戏规则以及培养遵守规则意识的好机会，比如和孩子一起下棋时，可以先对孩子讲清规则并严格按照要求来对弈，不能因为孩子的一时情绪或任性行为随意违反规则，从小处培养孩子的规则意识，会让他在社交场合更受欢迎。

● 指导孩子学习与小朋友互动的技巧

儿歌中的"敬个礼，握握手"，其实已经教给了孩子一些与小朋友相处的互动技巧，当然，我们可以和孩子谈论：敬个礼可以换成什么？握握手可以换成什么？教孩子学习礼貌协商，比如孩子想加入其他人的游戏时，教他先友好地询问："我可以加入你们的游戏吗？""带我一起玩好吗？"教孩子学会赞赏他人，学会认可和赞扬他人的特长或优点，当某个小朋友大秀舞技时，如果孩子也觉得很过瘾，不妨赞赏他："你跳得真好！"鼓励孩子多帮助别人，当小朋友遇到了麻烦，如拧不开瓶盖、玩具松动等，多鼓励孩子主动上前提供帮助。

【3~4岁】

关注别人的感受

　　孩子不懂得体谅大人的辛苦，看起来很让人寒心，实际上"板子"不能都打在孩子身上。因为关心他人的行为背后，实际上是对他人感受的理解与同理心的养成，如果父母不曾有意识地往这方面引导孩子，孩子很难不学而能。很多时候，孩子缺乏同理心是成人无意中强化的结果。很多父母出于对完美父母角色的期待，或者出于对孩子的溺爱，往往习惯了再累也硬撑着照顾孩子，即使疲惫至极也不会跟孩子表达自己的感受，致使孩子一方面以为父母是不知道累、不需要休息的，另一方面也没有体谅和照顾父母的机会，自然无从习得关心他人的品质。也就是说，带着完美父母的光环，硬撑着去爱孩子，对孩子学会关心他人来说并不是那么理想的选择。

　　日常生活中，父母不妨有意识地在互动中创造机会，让孩子体验不同行为方式带来的不同感受，并且不断地强化这种行为与感受之间的连接，孩子就会越来越知道什么样的行为是恰当的，什么样的行为是受欢迎的。下次疲惫的时候，父母不妨坦诚地把这种感受表达出来，比如告诉孩子："妈妈爱你，但妈妈现在很累，没有气力照顾你，你先自己玩会儿积木，等妈妈休息好了再来陪你。"陪孩子看绘本的时候，看到某件事发生之后，有意识地问孩子："如果是你，会有什么感受呢？"当孩子习惯了关注他人的感受，也就自然地养成了对他人的感受比较敏感的习惯，在做事时便会容易考虑他人，关心他人。这不仅能让他学会关心父母、关心家人，更是习得了在未来这个以合作共赢为主的社会中所需要的一种非常重要的能力。

感恩长辈的付出

　　学会感恩，对孩子良好人格的形成与人际交往都会产生积极的影响。但是，如何才能培养出一个会感恩的孩子呢？其实，父母教会孩子把感恩之心融入到一日生活的细碎之中，是最有效的方法。祖父母和父母，每日照顾孩子的饮食起居，这些事情看似简单，其实非常辛苦。父母为孩子营造的良好家庭环境是孩子最好的学习场所，也是培养孩子感恩的先决条件。孩子人格品质的培养和获得，往往是以父母为参照对象，通过反复大量的观察和模仿得以实现。如果父母懂得感恩，懂得及时地表达感恩之心、感恩之情，那么孩子学会感恩就是水到渠成、自然而然的事情。比如爸爸要回外地看望爷爷奶奶前，会特意给老人准备好新衣服、食物等作为礼物，还可以提醒孩子也为爷爷奶奶准备自己的小手工当礼物，表达思念。在重要的节日，父母可以带着孩子一起给长辈挑选礼物，或者用画贺卡、动手做食物等方式进行互动式感恩的示范。虽然这只是一个很小的举动，却能让整个家庭收获非同一般的温暖，也让孩子从小知晓，感恩是普遍存在于人与人之间的情感。

父母要多说"谢谢，辛苦您了"这种向长辈表示感谢的话语，并注意强化孩子的良好行为，对其感恩的行为进行鼓励和正向引导。一旦孩子拥有了感恩之心，就会在很多细节中流露出这样的情感。晚上睡觉时，妈妈给孩子换上舒服的睡衣，孩子会说："谢谢妈妈，我好舒服！"孩子洗完澡，妈妈帮孩子涂抹护肤油时，孩子会说："谢谢妈妈帮我抹护肤油，妈妈辛苦啦！"为孩子买了新衣服、新玩具时，孩子会说："谢谢爸爸妈妈给我买这么多好东西！"此时，父母如果能够及时地回应孩子，孩子就会得到最大程度的正向强化。其实，回应也不用很夸张，给孩子一个深深的拥抱，亲亲孩子，真诚地感谢孩子："听到你这么说，我太开心了！""宝贝懂事了，懂得感恩爸妈的辛苦了！"

接纳弟弟或妹妹

没有一个人天生就是一个超级棒的哥哥或姐姐，即使再乖巧、善解人意的孩子，在有了弟弟或妹妹以后，只要社会情感发展正常，或多或少都会产生一些心理和情绪上的波动，嫉妒、排斥也都是情理之中的行为。父母不要用负面的眼光过度解读孩子的这些恼人行为，默默接纳就好。除此以外，父母可以安排孩子做一些特殊的事情，让他既找到当哥哥或姐姐的骄傲，又能提升能力。父母可以尝试在生活中让孩子做一些事情，帮助他在情绪和情感上接纳弟弟或妹妹。

● **学推婴儿车**

别以为孩子不乐意做这样的事情，孩子都喜欢让别人感觉自己和大人一样"有能耐"，如果这样的行为再被别人赞许几次，以后管理弟弟或妹妹婴儿车的事就非他莫属了。

● **给弟弟或妹妹讲故事**

幼儿园阶段的孩子，语言表达能力飞速发展，能有一个善于倾听的对象，对他来说是最好不过的事情了，因为他有大把的想象，却无人诉说。这时，可以让孩子给弟弟或妹妹讲故事，相信弟弟或妹妹绝对是忠实的倾听者。

● **当好小助理**

请孩子承担起父母的贴身秘书、助理之类的角色，负责沟通和对接，如买什么东西带回家，回家后有什么安排等，这不仅能让孩子感受到自己在家里有不可取代的位置，还能潜移默化地锻炼他的记忆能力、语言沟通能力等。必要时，还可以教给孩子如何拨打120等急救电话，进行必要的安全教育，提升孩子处理紧急事情的能力。

● 在日历上做标记

妈妈肚子里的宝宝还有多少天出生？弟弟或妹妹出生几天了？这些事情，爸爸妈妈都可以让孩子去尝试在日历上做标记，这样不仅可以拉近孩子与弟弟或妹妹之间的距离，同时也帮助孩子对年、月、日这些时间概念有一个更加直观清晰的认识。

● 整理旧物

在父母的指导下，可以让孩子把自己小时候不同年龄阶段的衣服进行分装，贴上标识，这也能让孩子了解弟弟或妹妹相应的年龄状态，多大该穿什么衣服，是一种有实践性意义的生命成长教育，让孩子从小懂得生命的成长是需要一个漫长的过程的。

融入集体

进入幼儿园后，融入集体的能力就显得非常重要。有些孩子适应得很好，但有些孩子就交不到朋友。这背后的原因各种各样，需要父母认真观察，善于倾听孩子的心声，才能更好地解决问题。父母不能强迫孩子立刻交朋友融入集体，这样的做法可能会伤到孩子。父母应该尊重孩子的内敛和退缩倾向，给孩子适应的时间。一开始，可以悄悄地帮他找个住得近的小朋友，或者请老师帮忙跟某个外向的小朋友打好招呼，经常热情地邀请他一起玩，这样孩子才会有找到朋友的成功体验，不再觉得自己很另类，慢慢建立对交往的信心，等到他对同班小朋友熟悉到一定程度，说不定就愿意主动交往了，融入集体也就很快了，而且这类孩子到后来往往会有很多朋友。

　　父母不妨在日常教养过程中，有意识地加强孩子交往技能的教育，比如经常陪他读一些关于交往的主题图画书，有助于孩子学到一些交往技能，但给孩子读的时候，不用借机说教，以免效果适得其反。孩子如果对图画书里的主人公产生认同，自然会模仿他们，调整自己的交往行为。

　　父母也可以带孩子经常和表姐妹或表兄弟、熟悉的邻居、朋友家的孩子一起玩，引导孩子认识到并不是所有的小朋友都会伤害自己，有意伤害别人的小朋友是少数的，再鼓励他慢慢扩大交往范围。如果孩子还是对融入集体有点退缩，不妨跟他商定一些具体的小目标，并辅之以一定的鼓励措施。比如，第一周，如果孩子能交到一个朋友，就奖励一个想买的玩具之类的，然后逐步提高交友频率的要求。当然，整个过程中可以随机引导孩子关注交往中的积极元素，比如回家后经常问问孩子："今天跟朋友玩，有什么开心的事情分享吗？"把孩子的注意力导向交往的快乐上来。

学习遵守规则

　　对于学龄前的孩子来说，做到遵守规则有点难。这是因为这一阶段的孩子还没有养成具体的规则意识，他们往往只是依照自己的规则来行事。在这一前提下，我们该如何做才能让孩子在日常的生活和游戏中轻松变成"进退应矩"的孩子？一个有能力、懂规则的孩子如果不愿意主动地遵守秩序，往往是由于其自主性需求或被关爱的需求没有得到充分的满足。心理学研究显示，爱与规则是教养方式中不可或缺的两个维度，两者会从不同的角度为孩子提供安全感。所以，如果爸爸妈妈既能让孩子体会到充分的关爱，又能尽量满足孩子恰当的自主性需求，那么孩子就会更自觉地接受与执行家庭的合理化规则，所谓"自由的孩子最自觉"。

父母可以结合社会生活实际，帮助孩子了解基本行为规则或其他游戏规则，体会规则的重要性，学习自觉遵守规则。如：经常和孩子玩带有规则的游戏，遵守共同约定的游戏规则；利用实际生活情境和图书故事，向孩子介绍一些必要的社会行为规则，以及为什么要遵守这些规则。对孩子表现出的遵守规则的行为要及时肯定，对违规行为给予纠正。如：孩子主动为老人让座时要表扬，孩子损害别人的物品或公共物品时要及时制止并主动赔偿。

遵守规则往往意味着孩子需要克制冲动、抵制诱惑，因而，对孩子进行自控力训练将有助于他自我约束、不再违规。提高自控力最理想的训练方式是和孩子一起玩自控类游戏，比如我们可以跟孩子玩"大小西瓜"的游戏，就是当我们说"大西瓜"的同时做出"小西瓜"的手势，而孩子需要立即说出"小西瓜"并做出"大西瓜"的手势。在玩的过程中，父母和孩子可以随时互换角色。

父母还可以鼓励孩子一同参与规则制定，这对孩子规则意识的形成将大有裨益。制定与执行规则时需要遵循3条主要原则：规则的设定要具体明确；要耐心地向孩子解释制定规则的意义；当孩子违规时，要严格一致地执行商定的惩罚措施。例如，跟孩子商量每天几点钟需要上床睡觉时，可以先问问孩子，他在睡前希望爸爸妈妈跟他一起做哪些事情。在具体执行的过程中，要告诉孩子当这些事情完成之后，当时钟的长针与短针分别指到哪里的时候，他就需要按时睡觉；如果做不到的话应该承担什么样的后果（如第二天不能吃零食）。当孩子在反复被提醒却依旧无法执行规则时，父母也不能一味迁就，而应当按照双方的约定温和而坚定地让孩子承担违规的后果。

爱护公物

孩子进入幼儿园之后，就开始接触幼儿园的公共物品，每天都要和其他小朋友一起共同使用幼儿园的玩教具，共享操场上的花草树木。孩子爱自己的东西是天性，而爱护公物的意识就比较差，要孩子具有爱护公物的意识，首先要让孩子明白公共财物是大家的，而不是个人的，它们给我们的生活带来方便与乐趣，不能独自占有，也不能随意损坏。具体来说，父母应该告诉孩子幼儿园的玩具不能乱扔乱摔，更不能私自拿回家。在家中玩的时候也要爱惜玩具，玩过之后要收好，不在墙上乱涂乱画，因为在家中如果做不到爱护自己的东西，到了幼儿园或者公共场所，孩子也很难做到爱护公物。

如果孩子有爱护公物的行为，比如在公共场合将玩具归位，父母应该及时给予鼓励和赞美，因为爱护公物的好习惯不是一朝一夕就能养成的，它需要父母和孩子关注身边的每一件小事，在日常生活中养成好习惯。同时，父母还要以身作则，给孩子树立良好的榜样，才能使孩子具备爱护公物的美德。

认识国旗和国歌

孩子对家人会有一种天然纯粹的情感——爱，当孩子明白了什么是爱，父母就可以运用孩子喜闻乐见和能够理解的方式激发他爱家乡、爱祖国的情感，认识国旗、会唱国歌是父母可以陪伴孩子做的一件很简单的事情，同时也为孩子种下了一粒爱国之心的种子。父母可以带孩子看看哪些地方悬挂国旗，加深孩子对于国旗的印象；也可以带孩子看体育竞赛，观看五星红旗冉冉升起，体会国歌奏响后的那种振奋人心的感觉，并且告诉孩子升国旗和奏国歌的礼仪：国歌奏响、国旗升起的时候，要庄严肃穆，不能嬉笑打闹，唱国歌应该嗓音洪亮，大大方方，不应扭扭捏捏。

认识国旗和国歌，其实就是一种爱国教育，父母应该从小教会孩子有民族归属感，让他知道自己的国家是中国，让孩子从小树立爱国主义情怀，这是一种思想,别人操控不了,只有深入孩子的内心,他才能做到。

环保意识启蒙

是否有环保意识已经成了时下衡量一个人是否有修养的标准之一,如何才能帮孩子建立爱护环境、保护地球的意识?在日常生活中,父母可以教导孩子爱护一草一木,让他们明白保护环境要从自己身边的小事做起,从小学会爱护环境,不做破坏环境的事情。父母首先要有环保意识,并在生活中影响孩子,让他了解自然与我们的关系。父母在培养孩子这一好习惯时,还可以让孩子热爱大自然,并产生对大自然的敬畏和感恩之心。

扔垃圾是每个家庭每天都要做的事,垃圾分类也是环境保护意识重要的一方面。实施垃圾分类政策以来,家里人每天都在讨论如何进行垃圾分类,扔的时候可能还要问问旁边的志愿者。孩子会对这样的过程产生好奇,父母可以利用这样的机会,和孩子探讨垃圾分类的话题,为孩子养成垃圾分类的好习惯做准备。想让孩子养成垃圾分类的好习惯,就要让他知道垃圾分类的重要性,给孩子直观的冲击,比如在看到因为乱扔垃圾对环境有所破坏的场景时及时提示孩子,让孩子对比垃圾分类进行得好的小区的干净整洁和垃圾不分类、乱扔的地方的脏乱。通过正反对比,孩子能真正体会到垃圾分类的重要性,从而唤起养成垃圾分类习惯的内驱力,养成热爱自然、保护环境的意识。

【3~4岁】

家教小案例

不当幼儿园里的"熊孩子"

文 | 赵红梅

孩子终于适应了幼儿园的生活,爸爸妈妈刚松了口气,老师又来告状了:"您家孩子今天在幼儿园里用凳子砸小朋友!""今天他站队时推前面的女孩来着。"孩子有点"熊",真让父母又气又急。

进入幼儿园,如果孩子成为大家都躲避的"被拒绝"个体,各方面的发展都会受到影响。对于那些还没有学会在群体中有话好好说的孩子,父母要多费点心了。

● **揭开孩子变"熊"的秘密**

为什么孩子刚入园不久,就表现出很"熊"的一面呢?让我们来尝试着读懂孩子:

⊙ 对环境不适应。大部分孩子在家里没有任何人与他们竞争，各种资源应有尽有。而在幼儿园这个集体环境里，他的感受就变得很不同了，虽然现在不少幼儿园的条件都很好，但资源毕竟是有限的，竞争随处可见，很多时候需要排队、等候，还需要有共享意识，懂得谦让，这时一向以自我为中心的孩子就会出现异常表现。

⊙ 对自己的行为和力气没有意识。身强力壮的男孩子特别容易有"熊"行为，是因为他们习惯用自己的体力优势来争取更好的资源和权利。其实很多孩子在做出一些行为时确实是无心的，不知轻重，比如一个大高个子的男孩和一个弱小的女孩都想玩户外滑梯，男孩稍微用身体一挤，女孩就极有可能一个站不稳摔倒在地。

⊙ 模仿而来。幼儿园里什么样的孩子都有，很多孩子变"熊"了，是因为从其他小朋友身上习得了这种解决问题的方式，毕竟模仿是孩子此时重要的学习手段。尤其是使用暴力这种行为，更容易被孩子模仿。有些孩子曾经处于被别人暴力相向的地位，但几次过后，竟然学会了使用暴力这个方法，因为他发现这样能更快地获取自己的利益，让别人害怕自己，时间久了，便成为人人避之的"熊孩子"。

⊙ 一直"熊"。还有些孩子在上幼儿园之前就有点"熊"，父母也没有刻意纠正。刚进幼儿园时，孩子还处在小心谨慎的观察状态，"熊"没有机会表现出来，随着他对幼儿园和小朋友的熟悉，就开始原形毕露了。对于这类"熊孩子"，父母要多和老师沟通，调整好家庭教育的方式和内容，必须给孩子设定行为底线和规矩，否则看上去这种孩子没吃亏，但实际上孩子的身心发展会受到很大影响。

● 请这样帮助孩子

面对这样的孩子，如果不及时引导干预，就会让他逐渐失去与其他小朋友建立深厚友谊的机会，成为大家都躲避的"被拒绝"个体。如何帮助孩子改变这些现状？

⊙ 设定底线，引导孩子从情感方面认知自己的行为。

虽然我们无法帮孩子处理他可能遭遇的所有情况，但是可以就常见的几种情况明确地给孩子设置底线。很多父母都会告诉孩子不可以做什么，但是没有跟孩子解释为什么，或是解释得不到位，对孩子有误导，这也没有效果。比如告诉孩子不可以咬人的同时，要跟孩子解释，被咬的小朋友会很害怕，很疼，会不再喜欢跟你玩了。孩子实在难以理解时，可以适当地模仿孩子的行为，让孩子有所体验，这样更有助于孩子从他人的心理感受层面来理解自己的行为给别人带来的糟糕感觉。千万不要这样解释："你要是再咬人，他的父母就会来找你，老师会批评你，我们回家也会打你、惩罚你。"这种以恶制恶的教育逻辑并不能真正解决孩子的行为问题。

⊙ 深入交流，帮孩子习得解决冲突的思维习惯。

很多父母也感觉苦恼，因为似乎他们不论和孩子怎么说，孩子也不听。其实这是因为每次的亲子交流都是父母在讲授知识或是反复地讲道理，让孩子觉得很烦，也并没有真正听懂。孩子出现这样或那样的不适宜行为时，其实特别需要父母的倾听和引导。所以父母在批评孩子之前，要很好地引导孩子说出心里话，比如可以这样跟孩子谈话："老师跟我说，你在幼儿园咬人了，那个小朋友都疼哭了！能告诉妈妈，当时你在做什么吗？到底发生了什么事情？你遇到什么麻烦了吗？没准儿妈妈可以帮你想个不一样的办法。"

在孩子的倾诉中，父母要抓住细节，必要时跟孩子在家里重新演练一遍当时的情景，可以让孩子扮演被咬的小朋友，引导孩子理解他人的感受。然后再帮着孩子"改编"当时的场景，比如和小朋友换一种说话的方式，找老师求助，找其他的玩具和小朋友交换……父母扮演小朋友，让孩子看到方式改变，事情的结局也会改变。孩子需要在具体的情境里学习和摸索。一旦孩子掌握了一些社交小技能，提升了社交能力，便会习得一种解决冲突的思维习惯，会在其他情境中自动迁移泛化，举一反三，不断练习应用这些社交小技巧，不再出现"熊"行为。

令人头疼的"插话王"

文 | 刘晓晔

大人说话的时候，孩子总喜欢问东问西，不停地插话，打断别人。父母也许会责怪孩子没礼貌，可是你知道孩子喜欢插话的真正原因吗？

● 揭秘"插话王"的3大诉求

"插话王"可不仅是爱在家里插话，他在哪儿都会插话，这到底是怎么回事儿？来看看下面几个场景就明白了。

⊙ 求表扬。

老师正在给全班小朋友读《一园青菜成了精》这本图画书，老师刚念完"出了城门往正东，一园青菜成了精"，苗苗立刻就开始接"最近几天没人问……"老师提醒她："老师讲课的时候，小朋友不能随意插话哦！"

苗苗是故意插话吗？当然不是。她其实想表达的是"我也会"，原本想在老师那儿得到认可，没想到却碰了一鼻子灰。其实这个时候，只要对孩子说"你也会呀！你跟着老师一起讲"，就完全可以避免这种尴尬。

有的时候孩子原本自己在玩，父母刚好抽空谈点儿正事，谈着谈着，孩子可能突然跑过来说："你看你看，我捏的小熊！"其实这都是孩子要求表扬的表现，并非故意插话。

⊙ 求关注。

妈妈和几个阿姨在聊天，锐锐总是时不时地拽一下妈妈的衣服，然后没头没脑地说一句:"妈妈你看,我喝了一大杯水。"

这种情况多发生在孩子缺少玩伴或者与玩伴不熟悉,而父母又在和别人热聊的情况下。孩子因为感觉无聊被冷落而故意打断谈话,以求得父母的关注。

⊙ 求参与。

爸爸妈妈说到"工作计划"的时候,牛牛突然冲过来说:"小朋友去活动区就会做计划!"妈妈"哦"了一下,继续和爸爸讨论。当说到"周二"的时候,牛牛又冲过来拉着爸爸的裤腿大声说:"周二我上舞蹈课!"

很显然牛牛是故意插话的,而且插得很有水平,说明他非常认真地倾听了爸爸妈妈的谈话,并且努力地捕捉到自己可以参与的信息,反应特别迅速。很多时候孩子这种插话都是想参与大人的谈话和讨论的一种信号。

● 如何帮孩子养成良好的谈话习惯?

面对小小"插话王",父母应该先冷静地想一想孩子为什么要插话,避免直接指责、批评,先调整自己的行为,看看是否冷落了孩子,跟孩子一起聊聊,然后再通过一些小方法帮助孩子养成良好的谈话习惯。

日常生活中制造些能够让孩子参与的话题,给孩子参与谈话、讨论、发表自己想法的机会,比如问:"周末我们去哪里玩呢?"

进行不允许孩子参与的谈话之前,与孩子约法三章,告知其大概的时间:"我要跟叔叔说点儿事情,就是你用积木搭出一个十层楼那么高的房子的时间,你先自己玩一会儿积木,搭好房子告诉我。"

孩子的自我控制能力相对来说较弱,所以在大人聊天前,可以假装在孩子的耳朵上按下按钮,玩一个"只能听、不能说"的游戏,帮孩子克制插话的冲动。如果孩子打破了规矩,可以有个小小的惩罚,但如果出色完成则给予奖励,逐步提高孩子自我控制的能力。

财商培养，请绕开4个误区

文 | 王思睿

财商教育，不但与金钱有关，更重要的是帮助孩子建立一整套面对物质生活的人生观、价值观和世界观，厘清钱与生活的关系。接受过财商教育的孩子，能在今后漫长的人生旅途中经得起诱惑，放得下幻想，掌握自己的命运，获得真正意义上的自由与幸福。

很多父母都抱怨过孩子乱花钱，但实际上是因为财商教育的缺失，让孩子对钱的意义和如何花钱根本没有概念。未来时代，财商是孩子必须拥有的能力。因此，在财商培养方面，千万别走进这些误区。

● 误区1：财商教育要等到孩子大了以后

所谓财商，就是一个人与金钱（财富）打交道的能力。不少人会觉得，我家孩子才三四岁，跟他谈钱太早了。实际上，尽早对孩子进行财商培养，让孩子早日了解财富的意义，养成良好的财富管理习惯，对孩子的一生都特别重要。3~12岁是培养孩子财商的关键时期，是他们从认识钱，到明白什么是赚钱和储蓄、会制订自己的消费计划的年龄段。3~6岁孩子的父母可以给孩子讲讲各国不同的货币，教孩子如何存钱，如何用钱买东西。

● 误区2：总是羞于和孩子谈钱

对不少含蓄的中国父母来说，总是羞于和孩子谈钱，这是儿童财商教育当中一个很大的误区。既然我们谈到了财商，就绕不开谈钱，当我们自己无法正确去看待钱的时候，我们如何和孩子谈钱？当我们谈到财商的培养，起点永远是"认识钱"，这是"道"的层面，继而才是培养正确用钱的方法，这是"术"的层面，道不正则术不正。谈钱不是问题，不和孩子谈钱才是问题。

● 误区3：以为财商培养就只是谈是否有钱

有些父母说，如果家里很有钱，当然要和孩子谈钱，家里经济条件一般，有啥好谈的？有的父母甚至喜欢在孩子面前哭穷，让很多懂事的孩子努力地克制、压抑着自己的物质欲望，长大以后却变成了"月光族"甚至"啃老族"。其实，财商培养绝对不是只和孩子谈有钱没钱，而是价值观的培养，因为所有的事关金钱的问题都是价值观问题，比如零用钱和规划能力有关，以后的薪资水平与所付出的努力和积累的能力有关，积蓄多少与能否区分"想要"与"必要"的能力有关等。财商是认识钱和驾驭钱的能力，具体说，一是正确认识钱及钱的规律的能力，二是正确应用钱及钱的规律的能力。

● 误区4：疏忽了生活中的财商培养

财商培养，需要报个培训班吗？答案是，不要，浪费钱！财商学习，始于生活，学自生活，用于生活。让3~6岁的孩子正确认识钱是什么，是财商教育的第一步。可以坦诚地告知孩子，钱从哪儿来，有什么用。有的父母会说，现在都用手机支付了，哪儿还用得到现金呢，能不能用数字代替？答案是，不可以！7岁之前，孩子的思维处在心理学上的感知运动阶段，他们对这个世界的认识一要靠具体的实物，二要通过看得到、摸得着的方式来学习。这个阶段的财商培养有3个主要目标：认钱数钱、理解"买卖"的交换关系以及钱需要通过劳动来获得。比如说，在家里，大人可以准备好一套完整的人民币纸币和硬币，教孩子认识不同纸币、硬币上的图案和数字；走出家门，超市、农贸市场和银行是极好的学习场景，买东西的时候可以让孩子付钱，告诉他用钱可以买东西，没付钱就不能把东西拿走等。

让孩子学会坚持,其实不难

文 | 张姣

"孩子聪明活泼,就是做事不能坚持,老是虎头蛇尾。"对于孩子的三分钟热度,很多父母都感到头疼。

孩子做事有始无终,实在是太普遍了。当然这里说的做事,不是随意地玩玩具,而是需要付出一点努力的事,比如弹琴、画画、跳舞、游泳、轮滑等。

孩子坚持不下去的原因,你了解吗?如何培养孩子坚持不懈的品质?这需要我们从读懂孩子开始。

● 孩子为什么会半途而废?

⊙ 挫折感连连,没有成就感。

无论是弹钢琴也好,还是画画、跳舞也罢,要想做好,都需要漫长的积累,不可能一蹴而就。孩子从零开始,努力了2个月,可如果父母的感觉却是弹琴弹得跟不上节奏、画画画得不成形状,会让孩子挫折感连连,自信心备受打击,迟迟体会不到快乐和成就感,因此放弃是迟早的事。这是父母的态度出了问题。

⊙ 过程太枯燥,一点儿都不好玩儿。

孩子难以长时间专注,而练习过程又恰恰需要长时间的专注、反复磨砺,确实异常枯燥,甚至可以说很痛苦,有时候连大人都不容易坚持,何况是孩子呢?刚开始的新鲜感过去后,所有的练习都意味着枯燥和痛苦,孩子自然难以坚持。这是方法出了问题。

⊙ 同伴都在玩,就自己在吃苦。

不论学什么,每次学习大多需要半个小时以上,甚至1个小时,这期间孩子认为自己在学习、在吃苦,可是小伙伴却在很开心地玩游戏,他感觉自己被孤立了，被虐待了。学又学不好，想玩又不让，孩子的寂寞和不满会越积越多，对抗也就越来越频繁，同父母几番博弈之后，通常会以放弃学习告终。这是孩子的内心变化没有被父母及时察觉。

● **让孩子坚持下去的5个妙招**

如果不能坚持，任由孩子随学随弃，会养成过于松懈随意、不求上进的性格，对孩子将来的发展非常不利。培养孩子有始有终的好习惯，父母不妨从以下几个方面着手。

⊙ 善于分解任务，常有小惊喜。

父母要善于分解任务，制定短期目标，让孩子不断体会到快乐和成就感。以学钢琴为例，每当孩子学会新的曲子，就要及时给予鼓励和充分肯定。不要吝啬夸奖，不要以大人的标准来评判孩子。当孩子把一首曲子练熟了，开个家庭演奏会，掌声、美食、玩具、小红花一起来，让孩子收获自信，觉得付出努力很值，将成功的喜悦转化为进步的动力。

⊙ 找到喜欢的方式，让过程多一些快乐。

带孩子试学，感受一下老师的教学风格，找到孩子喜欢的"那一款"。平时和老师共同努力寻找到孩子喜欢的方式，尤其是年龄小的孩子，让他们在玩中学、在学中玩，把保持兴趣放在比成绩更优先的位置。只要孩子兴趣在，就会坚持，就会越学越好。

⊙ 降低期望，慢慢来效果更好。

一些父母信奉高标准、严要求，这会让孩子觉得怎么努力也达不到，容易造成对立，甚至影响孩子的心理健康，觉得父母不爱自己。欲速则不达，慢慢来效果更好，不妨先从小目标入手，比如轮滑要求孩子会滑，不要求姿势多标准，画画要求画完，而不是画得多好。孩子通过不大的努力就能完成，不断体验成就感，下次就能完成更大一点的任务，久而久之，意志力和水平就培养出来了。

⊙ 从小事开始，让孩子负一点责任。

责任感是自制力的另一面。平时有意识地给孩子布置一些任务，如饭前洗手、收拾玩具、喂养小动物、取牛奶等，每天检查，设置好奖励机制，孩子做得不好时及时给予提醒、建议。孩子自小遇事有责任感，也就增加了克服各种困难的勇气，愿意通过努力把事情做好，做事就容易坚持下去，而不会轻易放弃。

⊙ 只有坚持不了的父母，没有坚持不了的孩子。

孩子每天都在细微地观察父母的言行举止，如果父母做事不能坚持，虎头蛇尾，孩子就会有样学样。为了孩子能有坚持不懈的品质，父母首先要做好表率，遇事做好计划，坚持到底，不达目的不罢休。

孩子是个"小官迷"

文 | 高远

孩子是个"小官迷"，班里指派小组长，本来没有他，他就找老师说自己也要当，老师还真就让他当了。从此以后，孩子对值日什么的可上心了。前两天他赖着不想去幼儿园，可姥姥一句"小组长要被别人抢去啰"，他立马上幼儿园去了……这样的心态正常吗？对成长好不好？

孩子的性格各不相同，有些相对沉默内向，不爱主动做事、发表意见，客人来了会躲；有些则开朗大方，爱交际、爱表现。外向的孩子会比较积极主动，喜欢表现自己，幼儿园里选小组长这么有面子的事情，当然要积极争取。另外，孩子对"官职"的迷恋也与外界环境的影响有着密切关系。

● "小官迷"到底好不好？

如果这个"官"是孩子自己争取的，不论是临时的还是长期的，都是孩子自信、乐观、积极主动的表现,父母应予以充分肯定。

⊙ 想"当官"的孩子更自信。自信对孩子的成长非常有益,能激发孩子的潜能,让孩子敢于表现,从而得到更多的锻炼。即便同样搬个小凳子,自信的孩子看上去似乎做得更好。

⊙ 想"当官"的孩子做事更主动。这些孩子从来都是很忙的,因为他们更愿意去尝试,而不只是被动接受,因此有点闲不住。幼儿园里他们能成为老师的小帮手,帮忙搬凳子,带小朋友洗手、吃饭、上厕所等。这种性格的孩子长大后,更容易发现和抓住机会。

⊙ 想"当官"的孩子更有服务意识。对老师布置的任务,孩子觉得这是他的荣誉,一点也不觉得是负担,他会尽心尽责去做好,甚至无师自通学会征询别的小朋友的意见,并积极采纳,对于小朋友的要求,也会设法满足。服务意识对孩子的发展非常重要,如果"小官迷"长大后只会指手画脚,那会人见人厌,最终成为孤家寡人。但如果他具有很强的服务意识,能积极听取各方意见,并设法满足各方要求,做事则无往而不利。

⊙ 想"当官"的孩子虚荣心更强。这些孩子更努力,但同时也更爱显摆,总希望听到大人的夸奖。好的一面是荣誉感强,争强好胜;不好的一面是,遇到困难和挫折,容易泄气放弃,做事情多了一些浅尝辄止,少了一些执着坚持。

● 应该如何对待"小官迷"?

孩子是个"小官迷",如果父母能正确引导,让孩子好好把握这个锻炼机会,则对孩子今后的成长非常有益;反之,如果引导不当,则有可能成为孩子的包袱,今后落选了,可能会变得意志消沉。曾有报道说,某中学生因为竞选连任班长失败,甚至拒绝上学,类似情况并不是特例。

⊙ 淡化"干部"意识。

父母内心要平静,最好从心里清除掉任何权力崇拜,不能就"官位"对孩子提任何要求或暗示，不能要求孩子今天当小组长，明天必须继续当小组长，甚至希望孩子上小学后当班长、大队长等。父母们一起聊天时，总有人骄傲地说起孩子在幼儿园当班干部，这些父母内心认为当班干部的孩子更出色。有这种心理，日常生活中就很容易表露给孩子，比如以玩笑的口吻跟孩子说："你下学期还是不是小组长呀？""你上小学后，会不会当小队长啊？"孩子不能有效区分，会认为这是对自己的期望，如果继续当，没有问题，如果落选了，孩子的自信心会受到严重打击，尤其是孩子上中学后，这种情况会更严重。

⊙ 让孩子明白：当班干部是老师给机会让他为小朋友们服务。

让孩子当好老师的小帮手、同学的好朋友，让他们利用当班干部的机会，多多锻炼自己。老师让做什么，要带头去做；老师不让做的，即便想做也不能做。比如，上课时想玩玩具，要克制自己；当值日生浇花、搬凳子之类的，要在老师的指导下主动去做；下课要多和同学说话，主动交朋友。

⊙ 帮孩子当好班干部。

孩子对他的班干部身份有可能很看重，希望自己的工作得到老师的表扬和小朋友们的肯定。但毕竟还是小孩子，很多事情做不好，因此父母要和孩子做朋友，不露声色地询问出孩子负责的工作内容，帮孩子进行练习。

⊙ 孩子不再当班干部后，要及时给予关注和安慰。

不少幼儿园里的班干部是采用轮流制的，目的是让更多的孩子有机会得到锻炼。父母要提前跟孩子说明轮流的意义和做法，让别的小朋友当班干部，并不是孩子做得不够好，以免老师宣布班干部轮换后，孩子发现自己被"免职"了，心理上接受不了，甚至因此埋怨老师，不想上幼儿园了。接孩子回家后，父母要有意识地表扬孩子一番，并适当给予孩子奖励，帮孩子快速而平静地度过这个过渡期。

【3~4岁】

智慧做父母

帮助孩子适应幼儿园

孩子进入幼儿园,与父母分离而产生焦虑情绪是很正常的。有些孩子入园适应非常快,短暂的焦虑情绪很快就排解掉了,但是有一些孩子可能需要很长的时间去适应幼儿园生活。每个孩子的个性都不同,我们无法要求每一个孩子都快速适应,但是父母也并非对这样的事情束手无策,我们有很多方法可以帮助孩子及时调整情绪,缩短这样的适应过程。

首先,提前使孩子的心理有准备。孩子对父母的依恋很强烈,让他们一下子离开父母,会使其依恋感受阻,产生分离焦虑症,引起不安全感,因而让孩子对上幼儿园提前有个心理准备是非常必要的。父母可以在假期里或开学前带孩子到即将要去的幼儿园参观,让孩子熟悉一下环境。其次,在家中给孩子一定的独处时间和空间。例如在客厅的一角,利用橱柜或桌椅隔出一个独立的空间,让孩子体验在视线中感觉不到成人注视的情况,在那里游戏、看图书等，培养孩子的独立能力，减轻孩子对成人的依恋感。父母还可以培养孩子一定的生活自理能力，如穿衣、上厕所、吃饭等；以及一些生活习惯，如午睡等，帮助孩子增加入园后的心理自信。父母要调整好心态，给孩子积极的暗示。当孩子不想去幼儿园的时候，很多父母往往心软、动摇。须知，孩子虽小，对父母的情感、心态却是十分敏感的，当孩子察觉到父母的动摇心态时，会强化他不愿上幼儿园的想法。所以父母应把握好心态，保持愉悦的情绪状态，送孩子进幼儿园，并对孩子的点滴进步予以及时鼓励，如："今天你只是到幼儿园门口时才哭了一次，很有进步！""你是笑着和妈妈说再见的，好乖。"当孩子从幼儿园回到家，父母可以问他在幼儿园有什么好玩的事情，了解孩子的心理感受，及时帮助孩子消除一些情绪问题。

组建育儿互助团

父母时常教育孩子要多交朋友，有问题要及时向朋友寻求帮助。其实对于父母来说也一样，在育儿路上，我们需要其他人的经验和教训。养孩子是一项大工程，没有人的做法是完全正确的，"共享育儿"可以让父母们在一起互相借鉴，有利于发现自己不好的地方，及时改正，孩子也能找到玩伴，更好地成长。比如好几个家庭到一个家中做客或者是一起到外面旅游等，让孩子们在一起有个玩伴，父母也能联络感情。父母认同科学育儿，可由父母分工，负责给孩子讲故事、教知识等，孩子们也乐意。积极组建育儿互助团，可以让自己的育儿知识得到共享，互相学习交流，取长补短，建立起自己的家庭教育支持网络。

学会与老师沟通

与老师沟通是一门大学问，因为父母待人处事的态度，就代表了这个家庭的基本面貌。随着孩子的成长，孩子在幼儿园中会面临很多问题：吃饭问题、学习问题、交友问题……有一些父母把孩子送到幼儿园后，就基本不再多问了，认为孩子在幼儿园的一切都归老师负责，而有一些父母则比较细心，事无巨细地询问老师。这两种做法都有一定的问题。首先，教育孩子不只是老师的责任，家庭教育的作用同样要重视，及时与老师沟通孩子在幼儿园的情况，父母在家中也可以配合老师做一些辅助训练，比如握笔、用筷子、穿衣等，或者是孩子在幼儿园出现了一些不太文明的行为，比如推搡、说脏话等情况，也需要父母和学校一起努力来帮助孩子约束行为。而另一种做法，事无巨细，也会增加老师的工作量，有些父母看到老师发来的照片，就会立刻问老师："老师，这个铅笔一定要小心，不要扎到孩子。""老师，今天风大，为什么外出的时候没给孩子戴上帽子？"我们可以理解父母对孩子的关心，但也要理解老师在工作时要照看一个班的孩子，精力有限，回答父母这类问题并不会很及时。所以父母和老师沟通孩子在幼儿园的情况，要抓住重点，对于老师也要给予充分的信任。

学会与老人合作

大多数的家庭现在都有老人在帮忙照看孩子，这些老人很多背井离乡，年纪也很大，由于生活环境和知识背景等原因，与年轻父母在育儿理念上会有摩擦。其实，与老人合作育儿也是一门学问。

在隔代养育中，年轻父母忙于工作，将孩子的生活起居交由老人照料，老人和孩子在一起的时间更多，所以年轻父母有时候会像旁观者一样，不但不参与，还始终在纠错——孩子脾气不好，是老人惯的；孩子的生活技能有所欠缺，是老人没教；孩子的知识不足，是老人的知识储备落伍了……却忘了养育孩子，自己应该担负起主体责任，对孩子影响最大的，应该是父母自己。

年轻父母应该根据实际情况来明确家庭成员的角色和职责，更好地避免这样的矛盾。在考虑邀请老人来帮忙带孩子之前，可根据老人的实际情况（如年龄、身体状况、对孩子的教育理念和养育方法等）明确老人的养育角色和"任务"，如，老人是只需要协助父母照顾孩子的生活起居，还是需要在父母上班期间完全照顾孩子的生活起居？或者是在完全照顾孩子生活起居的基础上，还承担给孩子讲故事、带孩子上早教课等其他工作？父母对老人可以胜任的工作有了一个明确的划分后，便可以尽量减少将不适宜的教养期望加诸他们身上，从而引发冲突。此外，在为老人划分好明确的角色职责后，父母也要担负起自身需承担的教养责任，规划好工作与家庭时间，身体力行落实自己的教养理念，更好地陪伴孩子成长。

从容返职场

有些妈妈希望在孩子小时候能够多多陪伴孩子，因此牺牲了自己的事业，一心一意陪伴孩子，给予最好的呵护。但是妈妈们也同样需要社会认同感，所以当孩子上幼儿园之后，一部分妈妈就开始有计划地复出职场。重返职场后，妈妈们需要适应新工作，还要兼顾孩子，在工作和育儿之间进行平衡。其实，在妈妈们决定重返职场之前，不妨先思考这几个问题：做好身心准备了吗？想好做什么行业了吗？做好行业调查了吗？具备这项专业技能吗？想清楚这些问题，整理清楚思绪，重返职场会更加从容。

确定自己的求职方向，获得家人的认可和支持，以及准备一份漂亮的简历。一些妈妈经过全职妈妈这几年，对自己的技能和兴趣有了新的发现，重返职场时，可以想想是不是要换一个求职方向，也许会有新的突破。返回职场后，照顾孩子的责任就有一部分要分担给其他人，为了避免日后的家庭矛盾，可以提前和家人商量好，是否需要帮手。因为工作不专心，育儿不专心，对工作和孩子来说都不会有好的结果。妈妈们重返职场，背后一定要有一个坚实的后盾，可以让妈妈在工作时心无旁骛，解决好工作的问题，回到家中也能以更好的精神面貌陪伴孩子。

其实在妈妈们打算重返职场的时候，就可以利用空闲时间，多看看时政要闻，多了解行业相关信息，提前训练一些从业技能，也可以多重视一下自己的外形，做形象打理。这些提前的准备可以帮助妈妈们更加从容地返回职场。

让家对孩子更友好

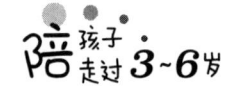

适宜孩子的环境

给孩子提供舒适、适合他健康成长的居家环境，可以让孩子更爱家、更爱父母，也可以让父母更安心。

● 桌椅：适合的高度

如果桌椅太高，孩子的小腿够不着地，悬在空中，会很快感到疲劳，腰部僵硬，导致脊柱的压力增大。如果桌椅太矮，孩子就会弯腰低头去够桌子，时间长了，颈椎压力会增大，而且会导致孩子驼背。孩子的脊柱正处在发育阶段，还没有完全成形，比起成人来说更容易受到不良姿势的影响，而且很难逆转，所以孩子的桌椅一定要选择高度适中的。

● 床：不要太软

不要让孩子躺在过软的垫子或褥子上，否则孩子的脊柱得不到支撑，腰背肌肉得不到放松，会影响脊柱的发育，时间长了，孩子的身姿会受影响。

【3~4岁】

- 灯光：明亮而不刺眼

　　室内的灯光如果颜色多而杂乱，会危害孩子的视力，还会干扰孩子大脑的中枢神经。视力没有发育成熟的孩子长期生活在过量的、不协调的光辐射下，不仅影响视觉的发育，还可能出现头晕、目眩、失眠和情绪低落等现象，甚至会引起孩子心悸、发热。所以，最好安排孩子在光线充足的房间活动，家里的灯光要明亮，但不能太刺眼，颜色也不能太杂乱，以偏黄色的暖光为最佳。

- 家具：木质家具较好

　　尘螨作为常见过敏原，其螨体、分泌物、排泄物、死亡以后的尘螨裂解物等均可导致过敏症状的发生。所以，家具以简单的木质、皮革、塑料家具为好，少用纤维填充家具，避免尘螨聚集，导致孩子过敏。

全家一起规律起居

　　要想帮助孩子养成规律饮食、规律起居的好习惯，父母也要和孩子一起，规律作息，规律饮食，一方面这样能给孩子起到好的示范作用，另一方面，健康的生活方式，对所有家庭成员都是有益的。

- 健康的饮食习惯不只针对孩子

　　很多父母非常认真地执行让孩子按时吃饭、少吃盐等健康习惯，但是却忽略了自己也需要规律进食、减少食盐的摄入。事实上，健康的饮食习惯需要终身执行，只有长期坚持，才能获得健康效益。如果父母自己不能做到规律进食、少吃盐，而孩子迟早会与父母一起吃饭，孩子的饮食习惯最终也会受影响。

- 挑食的父母几乎不可能培养出不挑食的孩子

　　父母的饮食行为对孩子有强烈的示范作用，当父母表现出不爱吃某些食物时,孩子也不会愿意尝试。同时,孩子的饮食往往由父母安排,父母自己不爱吃的食物通常也不会让孩子尝试。所以,挑食的父母几乎不可能养出不挑食的孩子。如果父母希望自己的孩子不挑食,首先要克服自身的挑食行为。

● **起居:建立符合家庭生活的节奏**

父母是孩子的"时间制定者",父母的作息习惯对孩子的睡眠习惯有明显的影响。晚上,家里变得安静、昏暗,大家都准备睡觉;早上,闹钟响起,大家都起床,开始一天的工作生活,在这样的环境下,孩子会慢慢适应并形成自己的时间规律,逐渐建立起符合家庭生活的节奏。所以,有了孩子以后,父母应该尽可能地先让自己的作息时间规律起来。如果没办法和孩子一起睡得那么早,父母可以先做到让家里安静下来,有入睡的氛围,等孩子入睡后再到别的房间去做事。

可以自由探索的家居环境

孩子需要安全的成长环境,让他能放心大胆地去探索世界。在家里,父母要给他提供一个安全的、可以自由探索的家居环境,让孩子放心地开启他的"好奇之旅"。

● **避免可能出现的危险**

⊙ 将放在灶上的锅的把手朝里放,避免孩子碰到锅的把手。电磁炉刚关的时候仍然很烫,不要放在孩子够得到的地方。

⊙ 不要把刀和锋利的东西放在孩子够得到的地方。他可能会拿着玩,割伤自己。

⊙ 定期检查电器的电线状况,最好使用安全插座或电插座防护罩。电器不要放在靠近火源的地方。

⊙ 在卫生间、洗衣机旁"设卡"。给卫生间加把锁,在洗衣机旁边设置障碍物，让孩子无法靠近。

⊙ 推拉窗的窗口要有固定装置，保证孩子不能随意推拉开。

⊙ 窗钩固定在孩子够不到的高度。

● **消除存在的隐患**

⊙ 不要在窗户旁边放家具、床、玩具箱或者大毛绒玩具，这等于给孩子提供台阶，让他可以方便地爬上窗口。

⊙ 永远不要让孩子坐在窗台上，即使窗户关着也不行。

⊙ 桌子上不要放可以一口吞下去的食物。这些食物容易卡在嗓子或者气管里，造成窒息，严重时会危及生命。不要因为东西能吃就大意，一定要经常检查家里的桌面。

⊙ 不要把洗涤剂等对人体有伤害的化学用品装在饮料瓶里，或者放在颜色鲜艳的盒子里。最好放在孩子不容易拧开的瓶子里，然后放到高处或者壁橱里。

⊙ 药品要放在孩子看不见、够不着的地方，最好再加上锁。如果吃药时正好有急事要走开，哪怕是一小会儿，也要先将药放到安全的地方。

丰富的音乐"菜单"

音乐是孩子们的好朋友，他们曾经伴随音乐入睡，听着音乐起舞。父母应该尽可能给孩子提供丰富的音乐"菜单"，让孩子接触适宜的、他们喜欢的各种形式的音乐作品。比如，听音乐会，可以有沉稳大气的交响乐音乐会，也可以有互动热烈的架子鼓音乐会；可以欣赏儿童音乐剧，也可以欣赏芭蕾舞；可以听儿歌，可以听流行音乐，也可以听京剧、歌剧……对于孩子来说，音乐是可以带给他们快乐体验的事物，不会弹钢琴的孩子，用手指敲击键盘发出声音，他们也会非常开心，这就是音乐的魅力。

音乐是游戏，但也不全然是游戏。父母应该认识到，音乐可以帮助孩子陶冶情操、刺激大脑发育，甚至可以帮助孩子塑造品格。而孩子感受音乐的过程和结果是同样重要的。很多父母容易陷入一个误区，就是孩子要认认真真学一个与音乐相关的项目，比如弹钢琴或者唱歌，而且一定要达到最高的级别，如果没有比赛成绩加持，他们就认为孩子学习这个项目没有用。其实不然，如果孩子被逼着去学习一个乐器，音乐并没有带给他一个美好的体验和记忆，在他的记忆中是一件痛苦的事情，那么音乐对于孩子来说有什么作用呢？父母可以重视结果，但要注意方式方法，比如带孩子去看一场音乐会，欣赏音乐的美好。回到家中，父母可以和孩子一起讨论音乐会的精彩片段，比如可以问孩子："今天你最喜欢的音乐是哪一段？你当时想到了什么？哪个乐器的声音是你最喜欢的？"这样的亲子讨论，会让孩子自然地与音乐接触，也会丰富自己对于音乐的理解。

【4~5岁】

本阶段孩子身心发展

体格发育

4.5岁，男孩平均身高107.7厘米，体重17.75千克，女孩平均身高106.7厘米，体重17.22千克。

5岁，男孩平均身高111.3厘米，体重18.98千克，女孩平均身高110.2厘米，体重18.26千克。

运动能力

协调能力和平衡力都很强，可以自信地大步前行或奔跑，独立上下楼梯更稳了。肌肉有一定的力量，可以翻跟头或者进行立定跳远。

手部协调能力和动手能力已经发育得很不错了，对手的控制能力越来越强，能自己刷牙、穿衣服、系鞋带，有的孩子可能开始使用筷子了，对艺术创作和手工活动更有兴趣。

语言能力

词汇量猛增,可以用相对复杂的句子表达事情,表达自己的想法、愿望以及讲故事。此时,他还会积极地探索语言的作用,有可能会说出一些不太礼貌的词汇或粗话,因为他发现只要自己一说出这样的话,成人就显得非常激动或愤怒。所以成人对孩子偶尔说出的粗话不要过度关注,可以淡化处理,自己平时也要注意使用礼貌用语以及不说粗话,给孩子做好榜样。

认知能力

对时间概念有了更好的理解,能知道一天分为上午、下午和晚上,知道一年有四季之分。有些孩子还知道一周有几天,每天是以小时和分秒来衡量的。能理解计数、字母、大小关系和几何形体的名称。

思维已由直觉行动性思维发展成了具体形象思维,可以凭借事物的具体形象或表象来思维。对事物具有了一定的判断力,好奇心和求知欲很强,除了对现实生活中的事物问东问西,类似"天空为什么是蓝的?""太阳下山后去哪里了?"等问题也非常多。

社交能力

社交生活非常丰富,有能力结交很多朋友,幼儿园的同学、社区里一起玩耍的小伙伴以及经常见面的孩子,他都喜欢交往,希望让同伴感到高兴,很喜欢邀请小伙伴回家做客,或者是去别人家里玩耍。在交往方面,他更加有自信,也更加独立了。

此时孩子显示出对异性的强烈好奇,对同性和异性都感兴趣。父母只要顺其自然,为孩子的探索做好限定就可以了,比如告诉孩子不可以在公共场

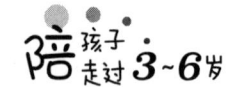

合赤裸身体；不经允许不能触碰其他小朋友的身体；除父母在场的医生检查之外，任何人都不能触摸自己身体的私密部位。

> **小提醒**
> **立好规矩**
> 孩子处于探索和试探"底线"的年龄段，所以给孩子制定的规矩必须明确，且一以贯之地坚持执行。
> 孩子无法在短时间内就能将规矩执行得很好，需要父母的不断提醒。有时候也需要根据不同的情况进行一些调整，让规矩更有弹性，也更能被孩子执行和接受。
> 要能意识到，有时候孩子破坏规矩、出现一些不良行为是因为无法控制自己的情绪，父母要帮助孩子学会用语言表达情绪，给孩子一些帮助，而不是只训斥孩子或惩罚孩子。

健康、安全地生活

和健康食物做朋友

4~5岁的孩子已经熟悉了很多食物的味道,正在努力不断探索新的食物,上了幼儿园他食欲变得更好了。这个阶段的孩子可以认识更多健康食物,并分辨不同的食物会对成长有不同的帮助。

可以用彩色的食物图片让孩子认识蔬菜、肉、蛋、奶、水果等;也可以带孩子去超市,现场去找找"胡萝卜家族""西红柿叔叔""青椒舞者",并把健康食物带回家。在家里,我们可以用膳食宝塔和孩子做一些小游戏。比如,把不同食物比作好朋友,一起玩

"我的朋友在哪里"；红红的西红柿、绿色的青椒、紫色的茄子在哪一层？它们可以提供膳食纤维和维生素C，让我们不容易生病；你最爱吃的鱼肉、牛肉在哪一层？它们可以提供很多能量，让人长得更高等。通过不同的方式让孩子和健康食物做朋友，并学着搭配自己的饮食，要蔬菜、肉、主食、水果合理搭配，养成不偏食、挑食的好习惯。日常生活里，要喝足量的白开水，少喝甜味饮料。

学会呵护身体

呵护自己的身体，首先要让孩子认识自己的身体，这是保护身体的基础。最好的方式就是陪伴孩子一起去认识自己的身体。可以告诉他这是眼睛，孩子有，妈妈有，爸爸有，动物也有；眉毛在眼睛上面，它是用来保护眼睛的；耳朵在哪里呢？它可以让我们听见鸟叫，听见外面的各种声音……父母可以通过不同的互动方式来引导孩子，不仅让孩子认识了自己的身体，同时也满足了他的好奇心。

● **阅读中认识身体**

在日常生活中，我们可以带领孩子阅读一些绘本，让孩子更加了解自己的身体，呵护自己的身体。包括鼻子、眼睛、耳朵、双手、双脚等，了解身体的各个部位对我们来说都有十分重要的作用，它们很脆弱，我们要格外珍惜和保护。这样在日常玩耍时，孩子自然有了自我保护意识，开始学会呵护身体了。

● **生活中爱护身体**

我们还要提醒孩子，要在日常生活中注意保持个人身体卫生，养成饭前、便后，外出回来要主动洗手的好习惯；晚上睡觉前我们还要洗澡或者洗脸、洗脚等。一定要注意个人卫生，可以和孩子说，男生和女生都有隐私的部位，除了要注意身体健康，养成清洁好习惯外，还要注意不能随意让他人触碰隐私部位，要好好地保护我们的身体。

锻炼健美身姿

● 适宜的运动

这个阶段是孩子的精细动作发展和大动作发展的最佳时期，我们要鼓励孩子进行一定的精细动作锻炼。例如，在家里可以和孩子一起穿珠子、拧开小瓶盖，这样可以帮助孩子发展手部的精细动作能力，加强手部力量；在户外可以让孩子自己扶着栏杆爬楼梯，或者旋转一些小型玩具设施等。这些都可以让孩子在日常生活中锻炼灵活性、协调性。

● 形成正确的姿势

这个时候，孩子有时候无法很好地控制自己的身体，所以我们要及时纠正孩子，让他们保持正确的站姿、坐姿和走路的姿势，避免他形成不好的行为习惯。例如，有的孩子走路的时候喜欢"八字脚"，有的孩子喜欢歪着身子坐等，父母发现了要及时纠正，如果发现有驼背等骨骼发育异常情况，要及时就医矫治。

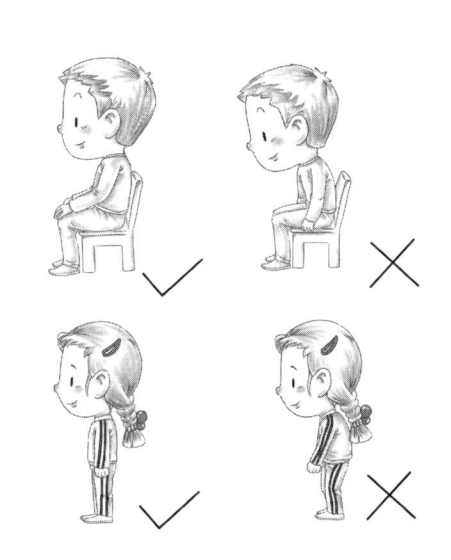

● 开启运动时光

孩子除了在幼儿园活动外，爸爸妈妈可以多陪伴孩子到楼下或者公园进行运动。看着孩子骑滑板车，和他一起玩游戏，带着他一起去公园里面跑步；

在假期也可以带孩子参加一些户外集体项目，不仅可以增强孩子的运动能力，还可以认识更多的小朋友。

学习打扫卫生

● 养成卫生好习惯

在日常生活中，可以帮助孩子养成基本的卫生习惯。在家中不要随意制造垃圾，把垃圾到处扔，要学着把不同垃圾进行分类，扔到相应的垃圾桶里；从孩子的发展来看，这个阶段孩子特别愿意尝试新的事物，那么我们可以放手让孩子拿着扫把、抹布在家里"尽情打扫一番"。

● 父母的榜样力量

随着孩子长大，他们有更强的好奇心和模仿能力。在生活里，父母的一些卫生习惯和生活小细节会直接对孩子造成影响。在引导孩子进行劳动的时候，父母要先做好示范，告诉孩子怎么做才是正确的，然后根据孩子的能力进行指导。比如，教孩子扫地、洗手帕、洗小内衣、洗袜子、擦自己的小桌子。父母可以边示范边告诉他要注意哪些小细节，这样孩子可以更快掌握要领。

● 分类游戏，爱上打扫

孩子有很多玩具，父母可以通过一些分类小游戏，让孩子在玩耍中把玩具整理收拾好，养成游戏过后自己分类整理的好习惯。比如，我们一起来擦擦小汽车，把它们的车库洗洗吧；你帮小动物们整理一下家里吧，让不同的小动物住在舒适的环境里。这样不仅可以让孩子养成打扫卫生、保持干净整洁的良好习惯，还可以让他们在游戏中，了解什么是劳动。

在生活中收获成就感

● 发现新本领里程碑

孩子在不同年龄段有不同的变化，例如发现可以自己穿上衣服，可以攀登上一个小的游戏设施，可以发出一种奇怪的声音，可以独立骑行滑板车……这些细小的生活中的变化，也许只是一个微小的动作，父母也应该给予鼓励，让孩子可以在安全的条件下不断探索和尝试，获得满满的成就感，即使做得不够好也没有关系，要给他真实的赞扬与鼓励。

● 接近大自然

走出家门，走进大自然，父母可以经常带孩子去公园赏花、爬山，去海边、森林，感受不一样的大自然，认识新的事物，看到更广阔的世界。例如，观察小螃蟹在海边玩耍，小鱼在公园的湖里吃食，鸟儿在空中飞翔……走进大自然本身也会让孩子有一种新鲜的获得感。

● 感受助人为乐

平时我们常常给孩子讲助人为乐的故事，很多生活中的小事，都会慢慢让孩子理解帮助他人是什么样的感受。例如，帮助爸爸妈妈拿碗筷，帮助奶奶倒垃圾，给其他小朋友拿一下小水壶等，这些小的生活细节都将让他获得一种成就感和幸福感。

学习平复情绪的方法

● 感知情绪

4~5岁的孩子还在努力发展社会情绪，进一步认知情绪的不同，因此我们可以在生活中引导孩子认知自己低落、开心、伤心、愤怒等情绪。比如拿到了喜欢的小玩具十分开心，大哭大闹不想上幼儿园等。这个阶段，孩子对情绪的控制能力不强，所以在日常生活中我们常常发现他一会儿哭，一会儿又笑的场面。不过，这种情绪大起伏会随着年龄的增长渐渐趋缓。父母也要关注孩子情绪的变化，进行安抚和冷静处理。

● 学习控制情绪

4~5岁的孩子会学习模仿父母的情绪，所以父母要发挥示范作用，在生活中注意控制自己的情绪，不要在过于激动的情绪下与孩子交流；其次要学会倾听和尊重孩子，与孩子进行良好的沟通，先帮助孩子学习平复过度激动的情绪；孩子这个时候已经开始学习调节自己的情绪，也会使用一定的方法来掩饰自己的情绪。当孩子情绪不好的时候，父母不要着急发火，可以先让自己和孩子放松下来，安静一下，然后仔细观察，跟孩子讲道理。但是如果说好要处罚，就要执行，这样才能有很好的成效，达到控制情绪的作用。

安全地玩耍

爱玩是孩子的天性，是他们快乐和智慧的源泉。父母不仅要给孩子提供安全的玩具和玩耍的场所，还要教会孩子在玩耍时如何自我保护，玩得开心又安全。

[4~5岁]

● **教给孩子玩耍时的安全习惯**

⊙ 吃东西的时候不玩。每次吃饭或吃零食前，告诉孩子要把玩具放下或收起来，到固定的地方（比如餐桌边或茶几边）吃。如果孩子要玩玩具，就让他放下手中的食物离开就餐的地方。形成了习惯，孩子就能吃得专心，玩得安全。

⊙ 在合适的地方玩。告诉孩子，玩拼图、画画等安静游戏可以在卧室或者儿童房这些小空间里玩，但是玩车、玩球、踢毽子等大动作的游戏，就要到客厅等宽敞些的空间，并告诉他："咱们到客厅去玩球吧，那里宽敞些，在房间里玩不开，你容易磕着，球也容易撞到柜子。"跑动的游戏最好是到户外去玩。久而久之，孩子耳濡目染形成了习惯，自己也会这样做了。

⊙ 发现玩具损坏要告诉父母。损坏的玩具容易伤害孩子，所以要告诉孩子，发现玩具损坏了，一定要告诉父母。

● **保护好五官**

⊙ 平时提醒孩子不要揉眼睛，尤其是在户外玩耍时、玩沙子后以及手脏的时候，更不能揉眼睛。

⊙ 告诉孩子一定不要盯视太阳。不给孩子玩激光笔，让孩子远离紫外线消毒灯、电焊光。

⊙ 做对抗运动时记得给孩子戴好护具，特殊情况下可戴护目镜。

⊙ 告诉孩子，手里拿着笔或尖锐的东西时不要跑跳，也不要拿着尖锐的东西跟小朋友打闹。

⊙ 要看护好孩子，避免孩子因摔倒、磕碰、交通事故等造成牙齿损伤。

⊙ 父母要增强牙外伤防护的意识，掌握基本的牙外伤急救常识。

⊙ 孩子进行某些比较激烈的运动时，在牙医的指导下给孩子佩戴防护牙托。

⊙ 告诉孩子平时不要用手抠鼻子。

⊙ 提醒孩子不要往鼻孔里或耳朵里塞东西。

了解公共场所的安全规则

动物园、游乐场所是孩子最爱去的地方，这些场所的安全问题和安全规则，父母和孩子都要了解，这是保证孩子安全游玩的前提。

● 在动物园

⊙ 和动物保持安全距离。带孩子去动物园玩，父母一定注意让孩子和动物保持安全距离，这对孩子和动物都是一种保护。告诉孩子不要大喊大叫、使劲拍打玻璃窗，以免惊吓动物，也不要把手伸进护栏，试图和动物亲密接触，以免发生意外。

⊙ 不要违规投喂动物。带孩子进入动物园，无论孩子是否认识字，都要有意识地给孩子讲解警示牌上的内容，比如不要向动物投掷食品或其他杂物。

⊙ 不要让孩子坐在护栏上。护栏存在的意义就是隔离参观者和动物，一定不能让孩子坐在护栏上，否则很有可能导致孩子摔下护栏，发生意外。

● 在游乐场所

⊙ 顺序排队，不能抢玩，以免发生意外。

⊙ 要听从工作人员的安排，让孩子玩适合自己年龄的游乐项目。

⊙ 滑梯不要倒着玩。教孩子滑完后要马上起身离开，不要从滑梯出口处往上爬，这种不按顺序地倒着往上爬，会被滑下来的孩子撞倒或踢到。

⊙ 玩碰碰车时要系安全带。如果孩子没有系安全带或安全带系得不紧，碰碰车碰撞时，会让孩子从座位上滑下来或受伤。

> **小提醒**
> 越是人多的地方,越要遵守规则。在带孩子玩的时候,父母的言传身教可以让孩子在玩的同时不知不觉地上好一堂生动的素质教育课。比如父母要告诉孩子,为什么动物园、游乐园要制定相应的规则,为什么大家都要遵守规则。这时候,父母的言行举止会给孩子留下很深的印象,良好行为会潜移默化地植入孩子的心里。

学会求助

千般照顾,不如自护。我们不可能时时刻刻、寸步不离地守在孩子身边,所以,要教会孩子在遇到麻烦时如何有效求助,使自己转危为安。

● 记住应急电话

要让孩子记住重要的紧急求助电话,比如火警电话119,急救电话120,公安报警电话110,并且知道大致在什么情况下需要拨打这些电话。

● 打求助电话时如何表达

教给孩子打紧急求助电话时,如何用最简短的话告诉接电话的人,怎么到达求助地点,包括家里的住址名称,附近有什么明显的地标或大型的商场、单位,附近的公交车站站名,小区的确切方位。如果在夜间,要把房子里所有的灯都打开,以便救援人员能缩小寻找范围,快速发现目标。

● 记住一些关键的姓名及电话号码

让孩子记住自己、父母和老师的姓名、家庭住址、电话号码以及所在幼儿园的名称。学会拨打电话,这样一旦走失时可以向成人求助,并能提供有效信息。

- **走散时知道向谁求助**

　　教孩子通过统一的制服或标志来识别清洁工、安保人员、售货员、导购等，告诉他，如果和家人失散了，可以向这些人求助。如果在具体的某个场合，如超市、电影院等和家人走散了，可以向穿着工作制服的叔叔、阿姨求助。在室外，可以向警察、保安求助。像动物园这样的场所，可以找佩戴管理标志的管理员求助，如果找不到这样的人员，可以向同样领着孩子的阿姨、奶奶等求助。

- **向人求助时如何表达**

　　让孩子学会在向人求助时，如何简单并正确地表达自己的求助要求。要讲清原因，比如和爸爸妈妈走散了，同时提出要求，请对方给爸爸妈妈打电话，帮助自己找到爸爸妈妈。

【4~5岁】

爱学习，会学习

学习有条理地表达

　　3岁以后，孩子的语法和口语表达能力方面都有迅速发展，为入学后学习书面语言打下了基础。此时，孩子不但能够回答问题、提出问题和要求，而且为了协调行动，能够在对话中与人商议、讨论对事物的评价，对别人提出指示等。4岁左右，孩子会自言自语，比如在游戏中孩子会自言自语来表达丰富的情感。再如在遇到困难时，孩子也会用自言自语来表达困惑、怀疑、惊奇等，当找到解决问题的办法时，也会用这种言语表示所采取的方法。

　　随着孩子年龄的增加，他们需要学会有条理地表达。父母应该给孩子一个宽松的语言表达环境，让孩子乐于表达，要创设一个能使他们想说、敢说、喜欢说、有机会说并能得到积极应答的环境。孩子在生活中，经常要将自己的各种信息以及主观感受、愿望或要求转换成言语与他人交流。然而，受生活经验、词汇量和思维特点的影响，常常会出现使用"错误"语言的情况。

此时父母应正确对待"错误"，给孩子以支持、鼓励，相信孩子会在宽松的语言交往环境中进行自我调整。同时，和孩子的沟通要平等，尊重孩子的感受，让孩子敢于表达不同的意见，成为主动的学习者和参与者，而非被动的接受者。

当孩子语言能力提高时，父母可以有目的地让孩子叙述一件事情，比如描述一下他一天都干了些什么？今天心情怎么样，为什么？今天都和哪些小朋友一起玩了？孩子说的时候，父母一定要用心听，并适时回应。孩子都是喜欢玩游戏的，父母可以和孩子在游戏中一块儿商量，确定游戏主题，编排故事情节，分配任务角色等，这都给孩子提供了言语交流的机会。

同时，在扮演游戏中，孩子会理解新的词、新的思想以及做事的方式，体验到自己已进入了一个假想的卡车，假想的飞船，或成为一名假想的医生等。主题角色游戏或者戏剧性游戏不仅有利于孩子的言语发展，对他们的情绪、社会性和认知发展也有促进作用。

父母还可以鼓励孩子大胆创编故事，编故事是锻炼孩子语言、思维的绝佳方式，在这个过程中，孩子的逻辑思维得到训练，表达也变得清晰、有条理。看似简单、有趣的假设，却能给孩子提供充分想象和讲述的空间，孩子可以把自己美好的心愿、离奇的想法在这一环节中充分发挥，在自我满足的情绪下，大胆地讲述出来。在这个过程中，孩子获得的不仅仅是阅读的快乐，更有语言、思维、交流等多方面能力的同步发展。

体会文字的用途

孩子对于文字符号的敏感期，往往存在着很大的个体差异。有的孩子很小就对文字敏感，在听爸爸妈妈读绘本时，就因对文字感兴趣而识字量稳定增长；有的孩子对文字的敏感则来得比较晚，虽然学前就跟爸爸妈妈读了许多书,却直到上小学都不怎么识字,但突然某一天,又好像读过的字一下子全都认识了,识字量猛增。

父母首先需要放平心态,不要太在意结果,平时带孩子外出时看到孩子感兴趣的路牌、玩具店之类的,就顺便指认一下;平时带孩子读书的时候,拿出一本书,习惯性地指认一下标题上的大字,如果孩子认出了某个字,就及时鼓励,提高他的积极性。面临幼升小的孩子,如果有意识地想加快其识字进度,在孩子不反对的前提下,可以给孩子提供一些朗朗上口的儿歌读本,陪孩子一起背、一起看,儿歌背下来后,再看书的时候,孩子就容易把字音和字形对应,识字的速度也会有所加快。

用涂涂画画来表达

对于孩子来说,文字是"画"出来的,符号也是"画"出来的,涂涂画画就是一种表达的过程。在生活中,孩子每天都会接触很多不同的文字和符号,父母可能不以为意,但是这些抽象的字符在孩子的脑海中却留下了深刻的印象,孩子对它们也有自己的理解。孩子如果喜欢拿笔来涂涂画画,其实父母不应阻拦,而且要提供充分的条件,让孩子通过创作表达自己的兴趣和喜好,在这个过程中培养对书写的兴趣。对于不喜欢涂涂画画的孩子,父母应该鼓励孩子将自己感兴趣的事情或故事画下来并讲给别人听,让孩子体会涂涂画画的方式可以表达自己的想法和情感。父母可能搞不清楚孩子的脑袋里都在想些什么,何不借着画画的机会,多多了解一下孩子的想法呢?

观察、记录,感受大自然

虽然我们生活在城市里,但是身边就有大自然,在小区内、在家附近的公园里,都能找到大自然的踪影。父母要经常带孩子走出家门,带孩子接触和了解大自然。

- **经常带孩子接触大自然，激发其好奇心与探究欲望**

  ⊙ 画一片树叶或者一朵花。抽出周末的1小时走出家门，让孩子捡一片落叶或一朵落花带回家，并把它画下来。但注意这并不是专门的绘画课，不用太高超的绘画技术，只要仔细观察叶子或者花朵，注意到尽可能多的细节就好。

  ⊙ 带孩子找一找小区里的动植物"邻居"。带孩子到小区的花园里逛一逛，找一找花园内有哪些动物和植物。给孩子提供一部手机，让孩子把眼前能看到的动植物都拍下来，回家后对着照片资料进行整理。专门为孩子准备一个记录本，让孩子把照片中的动植物都画下来，还可以做简单的分类，比如植物"邻居"单独列一起，动物"邻居"单独列一起。

- **支持孩子在接触自然、生活事物和现象中积累有益的直接经验和感性认识**

  ⊙ 制作一周自然观察笔记。在找动植物"邻居"的基础上，让孩子选择1~2种自然事物，每天固定时间去拍照，看一看它在一周时间内有什么变化。比如秋天到了，叶子的颜色变黄了；今天的花朵上停了一只小蜜蜂等。这样坚持一周，就能形成一份自然观察笔记了。让孩子给这本观察笔记画上封面，写上名字，会是一件让孩子很有成就感的事情。

  ⊙ 开启一次夜晚的探索。找个天气好的夜晚，带孩子做一次特殊的探索，有意识地去观察和发现在夜晚活动的动物，也会有很多新的收获。当听到动物们发出的声音时，尝试把它们录下来。让孩子了解到观察时不仅仅可以用眼睛，还可以用耳朵、用全身更多的感官。

- **真诚地接纳、多方面支持和鼓励孩子的探索行为**

  ⊙ 带孩子探索大自然是一种游戏而非任务，父母要积极地参与其中，和孩子一起玩起来。

⊙ 鼓励孩子发挥自己的想法，而不是按照固定的步骤严格执行。

⊙ 容忍孩子因探究活动而弄脏、弄乱，甚至破坏物品的行为，引导他们活动后做好收拾和整理工作。

动手、动脑，进行科学探究

● 善于观察身边的科学现象

观察是孩子进行科学探究的第一步，父母要善于引导孩子对日常生活和自然界进行观察，发现其中有趣的现象。带孩子进行实地探访，通过观察和记录找到这些问题的答案：

⊙ 在春季来临时，什么时候小河的冰开始融化？

⊙ 在什么时候，树枝上会伸出一个个嫩嫩的小芽？

⊙ 公园里那么多树，它们的树皮都一样吗？叶子都一样吗？

⊙ 是不是所有的树在冬天都会落叶？

⊙ 为什么果树上的果实有的红，有的青？

……

● 鼓励孩子动手探索

父母可以带孩子在家中完成一些科学小实验，引导孩子在动手中培养思考能力：

⊙ 将等量的盐分别放入同样多的热水和凉水中，看看哪一个融化得快。

⊙ 准备几节电池、一根金属丝、一个小灯泡，看看如何连接可以让灯泡发亮。

⊙ 让玩具小车在玻璃面、木头面、布面等不同光滑度的面上行驶，看看哪种情况行驶得快。

⊙ 让孩子把水倒入冰块模具里，请孩子预测把它放进冷冻室以后会变成什么样。每过半小时把它拿出来，观察水有什么变化。

⊙ 水结冰以后，把冰块取出放到碗里，请孩子想想会发生什么。

⊙ 拿一块冰放在阴凉处，另一块放在有阳光的窗户边，比较哪一块会融化得更快。

⊙ 试验用什么浓度的泡泡水能吹出泡泡。

……

● **教孩子用科学的方法解决问题**

对孩子而言，科学的方法没那么严谨，但一定是合理、正确的。父母可以通过以下活动帮助孩子学会使用科学的方法解决问题：

⊙ 这个月到底哪一天最炎热，哪一天最凉爽？带孩子记录每一天的温度，画出一个月的温度曲线图，然后和孩子从中找找规律吧。

⊙ 带着孩子一起观察月亮，并画下来或者用黏土制作模型，这样持续一段时间后，孩子就能直观地看到月亮形状的变化轨迹了。

⊙ 每天同一时间，太阳升起时照射在窗户上的位置是不一样的，我们可以引导孩子每隔一段时间在窗户上标记一次位置，根据窗户上的标记很容易就能发现变化了。

尝试在生活中应用数学

● **发现生活中的数字**

对于学前阶段的数学教育而言，最重要的是让孩子看到生活中无处不在的数学，明白它和我们的生活息息相关，是我们离不开的好朋友。所以，父母的任务是和孩子一起发现生活中的数学。

和孩子一起寻找生活中的数字，比如电话号码、时钟、日历、商品的价签、车牌号等，引导孩子发现数字代表的不同意义；还可以关注比如天气预报中气温的数字代表天气冷热,钟表上的数字表明时间的早晚等,让孩子初步了解数字代表的一些抽象概念。

● **用寓教于生活的方式做好数学启蒙**

数学与生活紧密相关,父母可以利用寓教于生活的数学启蒙方式,激发孩子探索数学的兴趣,这也是一项充满乐趣的亲子游戏。例如:

⊙ 和孩子玩"大富翁"游戏,把骰子丢出哪个数就走几步。

⊙ 在孩子过生日的时候邀请几个小伙伴,并事先和孩子一起给每人准备一副碗筷。

⊙ 和孩子一起乘电梯体验一下,让他明白按键的数字越大,代表楼层越高,从下往上到达那一层所需要的时间也就越长。

⊙ 在街边等着过马路时,看对面红灯上的数字逐渐减小,和孩子一起倒数。

⊙ 假装用5块钱从孩子那儿买一支价值2块钱的水彩笔,请孩子找零,判断孩子找得对不对。

⊙ 和孩子走在街上,观察地砖上的花纹,一些左右对称,而另一些旋转了180°后可重合。

⊙ 和孩子一起折纸飞机。

⊙ 和孩子一起用一颗图钉、一段绳子和一支铅笔画一个圆。

● **尝试用数学解决生活中的问题**

鼓励和支持孩子发现、尝试解决日常生活中需要用到数学的问题,体会数学的用处。例如:

⊙ 和孩子一起跳绳,通过数数看孩子、爸爸、妈妈分别跳了多少个,比一比谁跳得更多,确定第一名。

⊙ 和孩子一起整理书架,按照从高到矮、从大到小的顺序给书籍排队。

○ 换季时，衣柜需要来个"大换血"——把夏天的衣服收起来，把秋冬的衣服拿出来，和孩子一起，将上衣、裙子、裤子分开放置，让他在动手中了解排序、比较、分类等数学知识。开始排序时，记得给孩子信心，材料不要超过5个，物体间的差异尽量明显。

感受自然之美

大自然就像一位画师，在不同的时节和地点都会奉上令人惊叹的神奇画作，父母要带孩子多接触大自然，在自然中感受和欣赏美丽的景色，聆听好听的声音。

● **感受植物的色彩和形状之美**

引导孩子说一说这朵花是什么颜色，数一数有几朵花瓣，花瓣的形状是圆的还是尖的；带孩子寻找几种不同的植物，按照叶子的形状、手感、颜色和植物的高矮、生长状态等进行描述和记录，通过比较更加了解植物的形态和不同植物的细腻之美。

● **聆听自然的声音**

和孩子一起到大自然中，闭上眼睛，听一听鸟叫声、流水声，甚至是叶子落下的声音、小鸟起飞时扇动翅膀的声音。

● **探寻有代表性的植物**

带孩子领略各个季节最有特色的植物，比如春天赏花，夏日赏荷，秋天观叶，冬日看雪松等，感受植物在不同季节的韵味。

● **观察植物的生长之美**

带孩子在家里进行种植，观察一株植物一年的生长状态。以我们日常生活中经常吃的不同种类的豆子为例，可以把绿豆、黄豆种进土里，看看它们长出来的豆苗是否一样；种子破土而出时的萌芽是什么样的；它们会先长

【4~5岁】

叶子,还是会先开花。引导孩子用拍照、绘画的方式记录植物的成长变化,并整理成小画册。

● **探访菜市场**

和孩子一起去菜市场,看一看黄瓜、西红柿、南瓜、辣椒等色彩浓郁的瓜果蔬菜,讨论一下蔬果怎么搭配最漂亮,让人最想购买。

感受文学之美

欢快的节奏、重复的节拍,让童谣赢得了一代又一代孩子的着迷与喜爱。念童谣不仅是孩子喜欢的游戏,也能引导孩子感受韵律之美、文字之美。

● **和孩子一起念童谣**

⊙ 描述节气的九九歌:一九二九不出手,三九四九冰上走,五九六九,沿河看柳,七九河开,八九雁来,九九加一九,耕牛遍地走。

⊙ 描述传统节日文化的腊月歌谣:小孩小孩你别馋,过了腊八就是年,腊八粥,喝几天,哩哩啦啦二十三;二十三,糖瓜粘;二十四,扫房子;二十五,炸豆腐;二十六,炖羊肉;二十七,宰公鸡;二十八,把面发;二十九,蒸馒头;三十儿晚上,闹一宿;大年初一,扭一扭。

⊙ 好玩有趣、可以同时锻炼数学思维的数字歌和拍手歌:一个蛤蟆一张嘴,两只眼睛四条腿,扑通一声跳下水。两个蛤蟆两张嘴,四只眼睛八条腿,扑通,扑通,跳下水……

● **阅读童谣绘本,感受语言的韵律和图画之美**

除了日常生活中的童谣,我们还可以带孩子一起阅读童谣绘本,一方面能感受到语言的韵律，另一方面通过绘本中的图画，提升孩子的艺术审美力。

⊙《一园青菜成了精》记录了一首北方童谣，这首童谣语言生动，韵律十足，内容诙谐有趣。书中的各类蔬菜，白萝卜、小葱、韭菜、莲藕、茄子、黄瓜等的独特个性都刻画得栩栩如生。谐趣的画面不仅可以养眼，还有更多的细节使人逗乐儿。看完，再用京腔唱一遍，那一园青菜就真的成了精啦！

⊙《老鼠，老鼠》是一本有关中国新年风俗的童谣绘本，包括最经典的《老鼠嫁女》《小老鼠上灯台》等童谣。除了朗朗上口的童谣，书中还融汇了精美绝伦的剪纸艺术，特别适合与孩子一起边读边唱，而且还可以参照书中的剪纸形象，自己动手来剪一些有趣的图案。

用美装饰生活

除了通过观察植物感知大自然的美以外，我们也可以用取自大自然的材料进行创作，让孩子在动手制作的过程中感受自然的美与神奇！一片秋叶贴在卡片上可以变身为一张有自然韵味的明信片，利用压花工艺可以制成精美的书签……大自然有很多宝藏，枯枝落叶、松塔干果，通过简单的拼拼贴贴，都能成为美美的家居艺术品。

● **环保小摆件**

捡拾一些松塔、干枯的小树枝，配以橡皮泥捏出小鸟、小兔子等造型，摆在洗净的塑料餐盘等材料上，就能变废为宝，制作成环保小摆件。

● **自然手镯**

收集各色花瓣，让孩子贴在卡纸上，再把卡纸按照花朵的形状剪出来，另一面用细麻绳粘在一起，就制成了精美的自然手镯。

● 笑脸创意画

和孩子一起搜寻各种种子、细长的叶子等自然物品，做成笑脸的自然创意画。

● 制作小纸花

让孩子认真观察花朵的样子，之后找一些模仿真花的形态和结构特点的手工视频，和孩子一起动手制作形象逼真的纸艺月季、百合等，用来装点家居环境。

每个孩子都喜欢动手操作，我们可以让孩子充分发挥自己的创意，绘制自己的作品。孩子完成后，父母可以用画框装裱起来，挂在客厅或者是走廊里，形成有家庭特色的作品墙。这是对孩子创作行为的肯定和鼓励，帮助孩子敢于并乐于表达，并持续进行更多的创作。

自由表达和创作

生活中有很多可以利用的素材，我们要给孩子提供充分发挥创意的空间，鼓励他利用生活中的材料进行创作。需要特别提醒的是，父母不给孩子提过多的要求，也不要对孩子的作品进行评判，而是要带着尊重去欣赏孩子的创作，肯定孩子的付出和劳动。

● 厨房里的色彩游戏

仔细观察就会发现，我们的厨房里有各种各样的颜色。绿色的抹茶粉、红色的辣椒粉、棕色的咖啡粉、粉红色的红曲粉、白色的面粉……这些都是厨房里有颜色的食材，我们可以利用这些不同的色彩让孩子进行创作。比如有一个小姑娘在妈妈的带领下用厨房的材料画了一幅画，不仅用到了这些彩色的粉末，而且还在画面上贴了八角、莲子等食材，图案立刻立体、生动了起来。还可以利用卡纸，在上面涂好手工胶，把厨房里的粉末用细筛子撒在上面，自然形成的画面就很美。

● **蔬菜印章盖起来**

　　肌理是艺术家经常用到的专业词语，可以通过让孩子感受不同蔬菜的肌理，一起制作蔬菜印章。比如把西蓝花侧切，蘸上颜料盖在纸上就是一棵树的形状；把白菜的根部蘸上红色的颜料，印到纸上就会得到一幅玫瑰花的图画；玉米棒子蘸上不同颜色的颜料，在纸上滚动就可以得到印刷品套色的效果。盖好蔬菜印章后还可以基于图案和孩子一起自由创作。这些好玩的游戏，让孩子在认识蔬菜的同时，也增进了艺术体验。

● **每个孩子都爱面团游戏**

　　玩面团是孩子都乐意参与的游戏，孩子用面团可以捏出不同的造型，比如小兔子、小老鼠、熊猫、乌龟等，可以锻炼孩子的观察力和造型的塑造能力。父母还可以买一些可食用的颜料，或者利用厨房食材天然的色彩给捏好形状的面团上色，让孩子充分发挥自己的创造力。

【4~5岁】

养成良好品行

爱惜物品

　　随着物质生活的丰富，孩子对物品的爱惜程度越来越低，乱扔玩具、胡乱撕扯纸巾等行为都是因为孩子不懂得珍惜。因此，首先我们要在生活中引导孩子真正了解和感受物品的存在，让他们有珍惜的意识和概念。比如，农民伯伯们种粮食，非常的辛苦，父母可以带着他们去感受这个种植的过程，体会实地采摘蔬菜的不容易，从内心让孩子有珍惜食物的意识。其次，要让孩子明白爱惜物品是一种美德，能节约资源，有助于社会良性发展。

养成受欢迎的举止

　　在和小朋友一起玩的时候，我们要引导孩子养成良好的行为习惯，学习使用文明用语。比如，向小朋友借玩具玩，不可以直接就抢过来；拿别人的东西，要学会征求他人意见。让孩子学会说："我可以借这个玩一下吗？"日常活动中也要有礼貌,学会说"您好""请""谢谢"等。此外我们还要学会沟通与分享,见人要主动打招呼。

友善地与人交往

● **懂得分享**

当孩子有了你、我、他的概念时,就会逐步形成物权的意识。在这个过程中我们要让孩子学会分享,在懂得区分"你的""我的""他的"的同时,懂得给予他人自己拥有的东西,从中获得快乐和幸福。分享是一种良好的互动行为,有回应也有肯定,让孩子学会分享,应该是建立在自愿、和谐的基础之上,这也是孩子与他人友善交往的基础,可以让他更好地与同伴相处。

● **做家庭"小使节"**

我们可以让孩子尝试做家庭里的"小使节",鼓励他作为家庭对外的沟通代表,与他人接触和交谈。可以尝试让孩子将最近家里的情况向爷爷奶奶、姥姥姥爷、叔叔阿姨讲述一番。这既有助于孩子了解家庭情况,也可以锻炼他与人沟通表达的能力。有表达不到位、不清楚的地方,父母可以及时帮助、补充表达,以达到更好的效果,增强孩子的自信心。

● **建立"小小朋友圈"**

在孩子的世界,起初只是自己与父母、亲人的关系,渐渐地,他的世界扩大了,有了好朋友,有了喜爱的老师……

【4~5岁】

我们要鼓励孩子建立自己的"小小朋友圈",并引导他们用积极的态度与他人沟通。回家之后,父母也可以带着孩子去楼下或者公园里溜达,鼓励孩子主动参与到周围小朋友的活动中,融入群体游戏当中,在这个过程中,要尊重孩子的意见。

勇于承认错误

● 犯错是被允许的

4~5岁是不断地探索与发展的阶段,因此犯错误是难免的,父母不要一味地指责孩子犯了错误,并且连带旧账一起翻出来。有时候孩子会好心办错事,这个时候更不要上来就批评他。父母要坐下来,与孩子一起说一说为什么会犯错,直接告诉他应该怎么做。对于4~5岁的孩子,要帮他分析原因,不能强行说教,甚至进行打骂、体罚。这样的教育效果并不好,在这个过程中,让孩子明白犯错是被允许的,但要正视问题和错误,及时为自己的错误行为真诚道歉。

● 犯错要及时改正

孩子在生活中常常会遇到一些问题处理不好,比如,不小心碰到了小朋友,抢别人的玩具发生冲突,把别人家的摆设弄坏了等。首先,我们要让孩子分辨是非,理解这样做是不对的;其次,不要勉强孩子去说"对不起",如果孩子不愿意,反而会产生负面影响,这时候要向孩子讲明道理,可以尝试让他去抱抱受委屈的小朋友,等两个小朋友情绪有所缓和,再进行进一步的沟通,表达歉意,说明是自己不对。让孩子懂得只有真诚地道歉,才能友好地化解问题。

● 不要误以为孩子在说谎

这个阶段的孩子,由于大脑还在发育,有时候分不清是想象还是现实,常会发生自己说的和父母得到的信息对不上的情况。这时候不要贸然地批评孩子在说谎，要了解孩子无意识的这种说谎基本上没有恶意，要站在孩子的视角考虑问题，正确认识孩子心智发育的状态，引导他们区分哪些是现实情况，哪些是想象的情况，引导孩子说出这么做的根本意图。这样会让父母和孩子之间有更好的认知与理解。

学会解决矛盾和冲突

● 学习遵守规则

首先，在生活情景中让孩子了解要遵守规则，例如上车要排队；不要随意拿别人的东西，要经过他人允许；要和小朋友一起协商分配物品。如果和其他小朋友发生了冲突、矛盾，看到问题的同时，先要想一想自己是否遵守了规则。其次，要进一步分析问题，大家相互商量，减少争吵和冲突。

● 让孩子自己协商解决问题

要格外注意，在孩子之间因为某些小事有争论的时候，父母应该先观察，尽量不要加入到孩子们中间，好心帮助解决问题。在这个过程中，让孩子体会如何与别人沟通、协商、解决一些问题。父母也可以通过聊天的方式让孩子自己去思考和解的办法，不要过分溺爱或者干涉孩子。

【4~5岁】

- **主动面对冲突**

　　当孩子之间有矛盾和冲突时，父母不要舍不得孩子受委屈，要引导孩子先冷静一下，不要着急。不紧急的情况下，父母可以平静地看看孩子们如何继续交往。从另外一个角度，父母在与孩子沟通的时候不要受主观意识影响妄下结论，不要用自己的思维和想法来限制孩子的想法，也许没一会儿，孩子们又手牵手玩起来了。

学会发现别人的长处

- **细节中看长处**

　　我们每个人都不是完美的。在幼儿园里，孩子通过观察，在日常生活里会慢慢发现小朋友们的优点。例如，滔滔很爱帮助老师，特别认真；小伊跳舞特别好看；杰西那天帮我拿书包呢。这些都可以看出小朋友和教师的用心。

- **培养、建立积极的价值观**

　　我们要培养孩子多与周围的小朋友沟通，并在相处过程中，善于发现他人的优点。这种积极的价值观不仅可以让孩子结交更多的好朋友，还可以让他在不同的小朋友面前表达自己的意见和喜爱，从而收获快乐。

学习换位思考

- **在情景中学习**

　　每天一到上学时间，父母着急上班，孩子却在不慌不忙中悠哉地吃着东西，父母催了几遍，他依然慢吞吞的。这种情况就要引导孩子走到情景中，告诉他："爸爸妈妈也

要上班,很忙碌。如果太慢了,不仅你要迟到,爸爸妈妈'上学'也会迟到的。你可以帮我们想想办法吗?"

● **换位游戏**

小朋友们经常玩着玩着忽然就吵了起来,互不相让。孩子有争抢玩具等不友好行为时,我们可以和他玩一下角色互换游戏:让孩子演另外一位小朋友,由父母来扮演他;也可以引导他们一起想想"假如你是那个小朋友,你会怎么样呢",让孩子学习理解别人的想法和感受。

与兄弟姐妹友好相处

● **家庭氛围的创建**

有兄弟姐妹的家庭,兄弟姐妹和家人的相处就是孩子走入社会化的第一个场景。这时候,家庭氛围、家庭安全感、家庭的引导都是他们认知兄弟姐妹关系的起始点,4~5岁的孩子,有一定模仿性,父母对家庭关系的处理会直接影响孩子心理的变化和行为的发展。

● **清晰地表达自己**

有兄弟姐妹的家庭,或许会有这样一种现象,父母经常说:"你是哥哥,你让一让弟弟妹妹。"这种传统的思想会给孩子很多心理压力和限制。每个孩子都是独立的个体,他们有着自己的想法和思考,因此,当遇到问题时,父母要允许孩子充分表达自己,说出自己的想法和意见。

● **有事儿一起商量**

每天在一个屋檐下生活,兄弟姐妹

【4-5岁】

们产生摩擦的机会就多,当他们遇到争吵和困难时,可以通过商量的方式一起解决,这个过程可以让孩子学会用最适当的方法让他和兄弟姐妹都得到满足。与兄弟姐妹们沟通、友好处理问题的过程,能让孩子慢慢学会、掌握解决更多冲突的方法。手足关系是没有办法选择的,但是我们可以在生活中学着谈判,但是要记住不要说伤害彼此的话,以免在幼小的心灵中留下伤痕。

- **父母不偏袒、保持宽容**

姐姐在写作业,弟弟围着她一会儿让陪玩,一会儿藏起她的作业本,一会儿让她帮着拿玩具,结果姐姐用了半天时间也没写完作业,钢琴也没弹。最后,作业本还被弟弟弄破了,姐姐又无奈又生气。这时候妈妈问:"你想怎么做?"姐姐决定要惩罚弟弟,晚上不让他看动画片。父母没有干涉,反而让姐姐自己做决定,这就是在孩子们之间有一个平衡。父母的不偏袒、保持宽容是兄弟姐妹们和谐相处的基础,也是他们健康成长、富有安全感的基础。

感恩身边的人

- **拥有感恩的心**

感恩在我国古代文化中通常被渗透在道德规范当中,是一种中国传统文化的代表。今天,感恩是一种生活态度,一种美德,也是每个人应该拥有的基本道德准则和修养。拥有一颗感恩的心,是让孩子认识更广阔世界的大门。如果孩子一味地索取,却没有带上回报和感恩的心,那么对于他来讲也是责任意识、自理意识、自尊意识的不完善,会难以感受人生的快乐、幸福。带上一颗感恩的心,会让孩子发现更美丽的世界。

- **感恩就在身边**

感恩身边的人,首先我们可以和孩子一起理解什么是感恩,并告诉孩子感恩在我们身边就会发生。例如,感恩公交车上一个叔叔给他让了座位,感恩爸爸妈妈每天都送他上学，感恩舞蹈老师带着他们一起去参加比赛，感恩小朋友送给他漂亮小树叶等。其次，可以通过阅读一些绘本，如《感谢的味道》《艾薇的礼物》《可爱的一家人》等，或者带他去看一些动画片，体会感恩的瞬间。在生活中不同的场景下，可以时常发现、体会身边的感恩时刻。父母要言传身教，让他们体会到给予、感恩是一件很棒的事情。

树立诚实守信的意识

● 诚实守信的家风教育

诚实守信是一个人成长过程中的基本素质，是一个人立足于社会的根本，而这种素质的形成和发展是源于生活和家庭教育的。在家庭教育中我们要为孩子做好榜样，让孩子在父母、家人的身上看到诚实守信的意义，通过答应的事都要做到等小事，让孩子懂得诚实守信的好品质是在生活中一点一滴积累而成的，如果一个人言而无信，那么他将会错失很多东西。

● 鼓励孩子遵守约定

孩子在4~5岁的阶段，很多能力还不够完善，遇到一些问题和困难的时候，自然会想要后退或者放弃。比如今天下午要去学游泳，但是外面下雨了，那就要适当给予孩子鼓励和肯定："你和教练约好了，我们要准时去啊，不然教练白等你一场，耽误了他的时间。我觉得他一定希望今天准时见到你的，上次

【4~5岁】

我们不是说好了吗？"这样给孩子鼓励，让他学会理解约好的时间不能随意修改，要克服困难、遵守约定，这是诚实守信的基础。如果有特殊情况，也要让孩子想办法自己和教练沟通，主动告诉教练自己的情况，双方商量解决。

● **在日常生活中养成诚实守信的意识**

我们要在日常生活中培养孩子诚实守信的意识。第一步就是要以身作则，很多时候父母教育孩子时说得很好，但是自己却无法做到诚实守信，这会让孩子从内心对诚信产生不解。父母要言传身教，比如不要在孩子又哭又闹的时候为了哄他就随便承诺，结果却没有了下文，在孩子追问的时候，躲避或者否定曾经承诺的事情，这样会让孩子对诚实守信的概念产生误解。父母要特别注意在生活中让孩子养成诚实守信的意识，在孩子有了诚实守信的行为和意识的时候，父母要及时给予回应和鼓励。

了解家乡和祖国

爱祖国、爱家乡、爱集体是孩子思想品德发展的基础要素，可以从了解认识自己的家乡开始，进一步升华出爱祖国的情感。家乡的风土人情、家乡独特的语言、家乡的故事、家乡的味道等，都可以引导孩子去感受和体验。父母可

以带孩子看地图，先了解一下家乡与祖国的地理关系、人文关系，以及当地悠远的历史故事等。这会让孩子对自己的家乡有更为深入的了解，小到一条街巷，大到一座名山，都可以让孩子走近家乡，体会属于自己的家乡情。

我们可以带孩子一起关注爱国主题展览，比如关于国家发展的画展、摄影展等；在国庆节等特殊的日子，我们可以选择相关的主题电影带孩子一起观赏，并说说自己的观后感；还可以教孩子一些爱国主义歌曲，带孩子在假期走访一些名人故居和博物馆，了解国家繁荣富强背后的故事。其实还有很多不同的形式可以让父母与孩子一起去感知祖国的变化，体验与时代同行的参与感，在这些活动中，我们可以让孩子深切体会到祖国的魅力，产生对祖国、家乡的强烈自豪感。

爱护环境，从理性消费做起

● 保护环境小能手

环保是一项伟大的事业，它影响的不仅仅是一代人，更是对未来的"供养"。绿色家园是人们共同的心愿，无论身在何处，都应该从小帮助孩子建立起环保的概念，理解它并不遥远，小小的动作就能为环保做出一份贡献。比如，洗手的时候不要总玩水，这会浪费水资源；在家里、户外都不能随便扔垃圾；要学会垃圾分类，更好地保护环境等。

● 在游戏中养成环保好习惯

其实环保这件事本身离我们每个人都不远，零食包装不要到处扔，可以废物利用做成小玩具；让孩子在家里做一名垃圾分类"小监督员"，帮助大人把垃圾妥善地分到不同的区域；和孩子一起进行整理和分类的游戏，让他通过游戏的方式，懂得从小就要爱护环境，并形成一种环保意识，养成保护环境的好习惯。

● **物尽其用，及时收纳**

孩子有很多东西可能用了几次、玩过几次就闲置了，这其实是一种资源的浪费。从环保的角度来讲，父母可以邀请孩子一起进行整理、分类，帮助孩子更清晰地了解什么是环保。这既是一种锻炼，也是让孩子在整理、分类、收纳的过程中明白什么是自己最喜欢的，什么是可以二次利用的。比如有些玩具已经很久不玩了，就可以送给别的小朋友，让这个玩具继续发挥它的作用。此外，理性消费也是避免浪费的一个重要方法和措施，让孩子养成节约环保的积极消费观念。

家教小案例

不爱社交

文 | 小艾

又到春节社交季,你很想带孩子出去"秀一秀",也借此培养一下他的社交能力。然而,让你抓狂的是:一到人前他就不愿意说话,总是默默地躲在一边自己玩耍。

● 培养孩子社交,你犯了哪些错?

孩子无时无刻不在观察和模仿父母,父母就是孩子的第一任社交老师。孩子不爱社交,很可能是你的养育出了错。

⊙ 父母本身不喜欢跟人交往,较少带孩子与别的孩子玩耍,即使一起玩的时候,也不与其他孩子的父母沟通交流。

⊙ 对孩子在社交中的行为监控过严,每次孩子与他人玩耍,回家后都被"上课","你看小毛,嘴巴多甜""思思抢你玩具的时候,你就应该马上抢回

【4~5岁】

来""别的小朋友都会唱歌,你也跟着唱啊"……过度干涉孩子在社交中的行为,是变相打击他的社交热情。

⊙ 当着孩子的面向他人抱怨孩子性格内向、不爱社交。孩子身上的许多标签都是父母以这种无意却有害的方式贴上去的,它会给孩子造成一种心理暗示:我是一个不爱社交的人。

⊙ 把社交的标准定得太高。孩子再小,也有个人喜恶,当他们不愿意跟某个成年人打招呼,不愿意跟某个小朋友一起玩时,这种选择应该被尊重,过度的干涉与批评只会让他们产生逆反心理。

⊙ 用孩子听不懂的话语陈述社交的重要性。"不会社交的人,以后在社会上吃不开,你看你爸爸……",这种"深奥"而又具有攻击性的语言只会让孩子觉得社会是很恐怖的,最好能每天躲在自己的玩具堆里,只有它们是安全的。

● **解决之道:5招让孩子变身社交小达人**

研究表明,接纳和引导,能让很多内向的孩子在社交方面自然而然地发生积极的变化。

⊙ 别轻易给孩子贴标签。不要当着孩子的面与别人谈论他的缺点,即使被问到头上,也要正话反说。"你家孩子好像不怎么喜欢跟小朋友一起玩?""不是的,他最喜欢跟小朋友一起玩了,熟悉一下就好了。"孩子的人生会受父母态度和语言的影响,你希望他成为什么样的人,就多说说他是什么样的人。

⊙ 多创造外出的机会。不要因为孩子不爱社交,就带他远离人群。将孩子带入群体中,即使他依然喜欢一个人玩耍也没关系,不去干涉,静静观察。变化是慢慢到来的,彼此熟悉后,总会有一个小朋友来帮他打开心房,这是你做不到的事。

◎ 学会正向激励孩子。不要告诉孩子社交有多么重要，这么严肃的话题只会吓坏他。"今天跟小朋友一起玩得真开心。""我觉得小朋友都很喜欢你。""住在对面的小雨特别想跟你成为好朋友。"这些是孩子能够听懂并且愿意听的话。

◎ 在孩子受挫时给予拥抱。许多孩子在遭遇挫折时，依然要被严厉批评，因为父母心里有攀比、有愤愤不平。只有爱与理解可以塑造一个孩子强大的内心，当孩子被人欺负或者感到挫败时，拥抱他，告诉他爸爸妈妈最爱他。当孩子受到排挤与攻击时，要告诉他"你是正确的"。知道自己是正确的非常重要，它可以让孩子更自信地投入社交活动。

◎ 给予时间和耐心。时间与耐心可以改变一切，但父母不要指望自己今天做出努力，孩子明天就成为社交达人。不要拿他与别的小朋友比较，而是要持续鼓励与肯定，变化会慢慢地发生。至于社交方法，应该由孩子自己去摸索，成人的方式不一定适合孩子，别人家的方式也不一定适合你家的孩子。

总爱招惹人

文 | 贾玉玲

孩子看到同龄的小朋友，不是过去打招呼，而是从背后抱人家；有时故意推别人一下；喜欢拽小女孩头发……小朋友们都不爱和他玩，还远远地躲开他。

本来应该人见人爱的孩子，因为总是去招惹小朋友而变得人见人烦，怎么办？

● 为何故意招人烦？

◎ 另类打招呼。孩子并没有觉得自己的这些小动作惹别人不高兴了，相

【4~5岁】

反,他觉得是在和小朋友打招呼,然后开始追逐、疯跑或打打闹闹。他把推人一下、拽人一把都当作一个游戏开始的打招呼方式。

⊙ "喜欢你"的一种表达。有时孩子只对某几个小朋友有这样的行为,那是因为他对这几个小朋友有好感,想和他们一起玩。可他对表达技巧的学习才刚起步,于是就淘气一下,因为这样可以看到对方生气的样子,他觉得那是一种比平常更为亲近的有意思的互动。

⊙ 短暂模仿。如果孩子在一段时间内突然有了这些小动作,不妨留意下他最近看的图画书或卡通剧。为了搞笑、逗乐,书或剧里的角色经常会有这种招惹别人的小动作,让孩子觉得好玩儿,于是就不经意地照搬到了自己的生活中。

● 从容应对

⊙ 正确表达获好感。当孩子惹小朋友不高兴时,父母要问清楚原因。如果回答是"想和对方玩",那要告诉他,有很多想和对方玩的表达方式,而刚刚的行为是不对的。然后,教孩子一些正确的表达方式,例如告诉小朋友"我们俩可以一起玩摆石头的游戏……",然后听听对方愿不愿意玩,或让对方说说想玩的游戏。除了表达正确,还有更重要的一项,就是聆听。如果孩子能意识到这两点,一定可以获得小朋友的好感。

⊙ 换位体验印象深。可以找一些有关交友的图画书和孩子一起读,当有取笑别人、在小朋友背后搞小动作的人物出现时,父母可以停下来问问:"换成是你,会有什么感觉?"换位思考是孩子最不容易主动想到的,有时可以通过一些故事或简单的动作模拟来加深孩子的认识。

⊙ 有趣游戏多准备。平时让孩子储备一些好玩的游戏,这样当他想和小朋友一起玩时,可以主动展示或带着小朋友一起玩。例如猜谜语、做手影、玩魔方、走迷宫等,这些小游戏大家都喜欢,一起玩时,相互的好感就会逐渐提升，孩子也不会再用那些小动作找小朋友来玩了。招惹的小动作和攻击行为有本质的不同，因此当父母做了这些功课后，还需耐心等待。孩子的淘气、顽皮是他们这个年龄段特有的，对父母来说，从容应对也是一门必修课。

不想上幼儿园

文 | 寇丽娟

已经入园一阵子了，可是孩子还是会哭着说"不上幼儿园，不上幼儿园"，真不知道该怎么办！

看着身边的小朋友高高兴兴去上幼儿园，有的小朋友还主动要求上幼儿园，你对孩子不想上幼儿园的行为感到很不解，是他受欺负了吗？

● 只是短时的周末综合征

其实，在幼儿园里，孩子天天开心着呢，甚至会弄出不少让人又气又笑的恶作剧。但是经过周末两天松散的生活节奏，比如再也不必早上7点起床了，一觉睡到快午饭的时间；想干什么就干什么，没人干涉，难怪他乐得不想去幼儿园。

这种情况，孩子也就是小闹一下，周一、周二他还在喊着"不上幼儿园"，周三开始就恢复正常了。不过父母最好与幼儿园的生活节奏保持一致，无规律的生活就像败坏胃口的"油腻大餐"，让孩子在幼儿园养成的规律生活习惯前功尽弃。周末生活也不能让孩子太劳累，可以在周六玩得尽兴一些，周日则去附近户外活动一下，调整一下，为周一做准备。

● 在幼儿园遭遇挫折

孩子可能在幼儿园受到了老师的批评、与小朋友发生了争执、不小心尿裤子了……反正就是有些事让他有点惴惴不安，对上幼儿园心有余悸。只要孩子想到幼儿园、看到幼儿园就能想起这些不愉快的经历。

父母可以和老师谈谈，了解一下孩子在园的情况，看看到底是什么事情对他造成了心理影响。与孩子沟通一下，看他是不是遇到了不开心的事，告诉他爸爸妈妈可以帮助他解决。在找出原因后，想办法打消孩子的种种顾虑，重建他对幼儿园的好感。

● **父母对幼儿园的负面评论**

父母在家时对幼儿园做了一些负面评价，比如玩具不丰富，活动场地小，老师要求多，某某小朋友太调皮，饭菜不好吃……其实，父母的信息来源也是道听途说，可这些负面说法会让孩子铭记在心，对幼儿园心生反感。

如果不打算给孩子转园的话，不妨换个眼光来看孩子所在的园所，多找找它的好处，时不时表达一下对幼儿园的好感。父母的正面态度会增加孩子上幼儿园的愿望与信心，让孩子爱上幼儿园。

谈恋爱了？

文/丁丁

小男孩总是拉着小女孩的手，两个小家伙甚至还有一些亲密动作，亲亲脸蛋，抱一抱。不会这么早就谈恋爱吧？

在两三岁时，孩子就会抱一个布娃娃，哄布娃娃睡觉了。此时，他探索的是父母与孩子间的社会关系。随着年龄的增长，孩子会探索更广泛的社会关系，店员与顾客的关系、老师与学生的关系、邻里关系、亲戚关系，男女朋友关系也是其中的一种。一个3岁左右的孩子经常搞不清楚自己到底是男孩还是女孩，即便在大人的反复告知下知道了自己的性别，他可能也会觉得男孩如果穿裙子、梳辫子就是女孩了。5岁以后的孩子，性别意识已经稳定，并出现对性别差异的关注。

- "爱上"不止一个人

　　孩子在五六岁会进入对婚姻关系的敏感期，有的在小学低年级也会一直处于婚姻敏感期。他们会对婚姻产生强烈的好奇心，并出现探索行为。比如小男孩对某个小女孩表现出好感，总喜欢和某个小女孩一起玩，还常常在肢体上展现一些亲昵动作。不但小朋友间有这样的现象，有时候孩子还会"爱上"某个老师，对某个老师亲密呢。

　　尽管孩子出现了一些对异性小朋友的亲昵，但他们的亲昵完全不同于大人之间的亲昵。在他们看来，和小朋友亲亲就如同和爸爸妈妈亲亲一样。其实，有过这样一个探索的时期，孩子到了真的可以谈恋爱的年龄，会更加从容地和异性相处，有利于他们未来建立健康的两性关系、婚姻关系。其实只要大人不以成人的眼光来看孩子的这些行为，就会觉得他们很可爱，并没有什么道德上的过错。静观其变，慢慢地，孩子对异性的这种亲昵就会消失。

- 大人开玩笑的结果

　　有些大人喜欢逗弄孩子，给他们配对。这种逗弄和孩子们的游戏不同，是为了大人们自己开心、好玩，结果对孩子产生了一些负面影响。

　　少跟孩子开这种玩笑吧。让他们放松地在一起玩，可能会更自然一些。

- 他只是觉得好玩儿

　　孩子看似对异性产生了好感，可其实在他眼里，同性朋友与异性朋友并没有什么本质差异，大家都是玩伴而已。和谁都可以亲亲、抱抱，"某某是我的男/女朋友"，这种话纯属说着高兴。

　　父母要多了解孩子的信息获取渠道，避免让他接触不适宜的娱乐影视信息、不健康的游戏等。此外，父母也要注意自己在孩子面前的言行，以免弄巧成拙。带孩子多参与一些丰富的活动，发展他的才艺，泥塑、绘画、下棋……多彩而充实的活动会让孩子和他的朋友一同进步。

【4~5岁】

小小妒忌心

文 | 寇丽娟

"妈妈,莉莉有一条新裙子,我想要一条比她的还漂亮的!""小叶那么笨,我比他强多了,老师为什么选他当主持人!""我只想让噜噜当我的朋友,如果噜噜和辉辉一起玩,我就再也不理他了!"

面对小家伙的这点小小的妒忌心,真不知如何是好!

● 是喜还是忧?

孩子的妒忌心可能会让他心胸狭窄,失去对人、对事的宽容;也可能转变为进取心,让他走向自我完善。好坏两面都很重要,让我们一起来分析一下种种原因,再因势利导吧!

⊙ 原因1:长出了"自我评价"小幼芽。5岁的孩子对自己的认识开始客观、公正,过去他总是不顾实际情况,一厢情愿地认为自己什么都好、什么都强,自然也不会有任何的失落。现在,他能判断出自己有些方面不如人,妒忌的感觉也开始萌生了。

⊙ 原因2:追求完美。这个年龄段的孩子会经常性地模仿自己心目中的偶像。比如,女孩可能会很喜欢巴啦啦小魔仙,幻想着自己就是其中的一个;男孩可能会认为自己是蜘蛛侠或超人。所以当小家伙发现自己不完美的一面时,难免会有点不甘心。

⊙ 原因3:父母的暗示。父母们聚在一起最喜欢聊的就是各家的孩子,"瞧,你们家乐乐都能做20以内的加减法了。佳慧快向乐乐学学。""什么时候佳慧像乐乐一样爱看书,我们就乐疯了。"父母不经意间对别的孩子的赞叹,会被自己孩子认为那是对他的批评,也会引起他羡慕、嫉妒的心理。由此"就是因为可恶的乐乐我才会挨说的,我讨厌乐乐!"的想法就产生了。

● **聪明妈妈这样做**

⊙ 我独特，我优秀。这个时期的孩子已经不满足于父母的夸奖了，他更希望用事实来说话。所以不但要知其所长还要善用所长，创造一些条件让孩子感觉我能行。有些小事可以让孩子来做，并说："我们都不知道该怎么办了，你快来帮帮忙吧！"让孩子逐渐从可以做的事情中建立自信，当自信一点一滴建立起来后，他也就不会那么容易地妒忌别人啦。

⊙ 偶像的力量。孩子有自己的偶像，但多是重于偶像的衣着或样貌。父母可以多引导孩子关注偶像的其他方面，例如"小魔仙不仅有漂亮的裙子，她们还很勇敢""超人不但本领过人，他还总是能原谅朋友们的无心犯错"。看问题的角度变了，心态也会奇迹般地发生转变。

⊙ 内在更美。有些优秀的图画书，例如《彩虹鱼》《花婆婆》《城里最漂亮的巨人》讲述了成功与优秀可以有不同的定义，父母可以由此为孩子打开更多扇心灵的窗户。当孩子感受到更多的善良与宽容时，也就不会再为一件小事而想不通了。

我想交朋友

文 | 娟子

不论是在小区院子里，还是外出到公园、动物园，孩子总是不自觉地用眼光寻找着和他年龄相仿的同伴，眼神里的渴望之情让父母看在眼里，急在心上。那么，孩子几岁开始有交朋友的意识？该如何引导他用正确的方式交到朋友？怎样才能和交到的小朋友愉快地玩起来呢？

1岁左右的孩子刚会走路，他看到其他孩子，会走上去摸摸对方，或看着他们哈哈笑。他的这些行为并不代表他想交朋友，而是他对其他孩子充满了好奇。

2岁左右的孩子还是喜欢父母陪他玩,但看到别的小朋友一起玩,他会留意那些小朋友在玩什么,并且自己在一边模仿着玩。孩子此时有交友的意识,但还没有真正交友的行动。

3~4岁的孩子开始想办法邀请和自己差不多大的小朋友一起玩了。大胆的孩子会直接说:"我们一起玩吧!"内向的孩子不容易主动询问,但会默默地靠近,试图引起那些正在玩耍的小朋友的注意,并能发出一起玩的信号。

● 细心观察做判断

当孩子在院子里和别的小朋友一起玩时,父母要观察他是自己主动开口加入到小朋友们的游戏中,还是需要大人的帮助,由此来判断还需要帮助孩子做哪些交往的准备。

● 社交语言要练习

交朋友首先需要和朋友沟通,最初发出邀请或征求玩什么都需要社交语言,父母需要平时和孩子做些练习。如果孩子想和别的小朋友一起玩,可以用"我想和你们一起玩,可以吗"来表达自己的意愿;如果对方也是一个人在玩,可以说"咱俩一起玩吧";如果小朋友正要起身离开,可以说"咱们到那边看看有什么好玩的"。孩子是天生的语言天才,练习几次后,他就可以进入实战阶段了。

● 问题解决能力要提高

小朋友们在一起玩时,不会一直和和气气,总会闹各种各样的小别扭。例如两人同时看上了遥控飞机,谁都想先玩;把自己喜欢吃的食物硬塞给小朋友,不管对方愿不愿意。父母可以从旁提醒,让孩子体会到和小朋友玩的时候是需要妥协的,但那并不影响玩的心情,而且还会更有意思。

慢慢地，孩子会在父母适当的引导和自己的实践中，不断地积累着自己的社交经验，他会自信轻松地沉浸在和小朋友一起玩耍的欢乐当中。

输不起

文 | 寇丽娟

"你耍赖，你没赢！"当孩子声音颤抖、泪水满面地不断重复着这句话时，大人就是用再温柔的话给他讲道理，他也是完全听不进去的。赢了欢呼雀跃，输了就又哭又闹。对待这种输不起的小家伙，我们该怎么办？

● 为什么会输？

⊙ 太骄傲了。日常的下棋学习中，明明一直学得很不错，多次受到老师的表扬和赞许。可当比明明小1岁的皮皮来家里一起玩下棋时，明明居然输了，这样的结果真是让明明太难接受了。仔细想想，是因为明明没把比自己小的皮皮放在眼里，掉以轻心了。所以，他会觉得不服气，觉得输得冤枉。

⊙ 逞强在作怪。当有同伴用挑衅的口吻激起孩子加入他不擅长的活动时，孩子有时会失去自己的判断力而仓促加入到其中，结果当然是可想而知。但孩子并不知道自己是由于没练过、不会玩才输，他面对的就是眼前输的结果，当然会难过得通过哭闹来缓解了。

⊙ 一直都在"赢"。呵护在孩子身边的爸爸妈妈、爷爷奶奶常恨不得为孩子扫平一切生活中可能出现的障碍。早晨，孩子刚因为扣子系不上而哼哼几声时，奶奶会立刻一边说"没关系，奶奶来"，一边帮孩子将衣服扣好。这使得孩子习惯于成长在父母营造的一帆风顺的环境中，而这也恰恰剥夺了他体会从不会做到克服困难会做的过程，从而养成不能输的心理。

● 一起面对输

⊙ 发泄情绪要理解。当孩子沉浸于不能接受自己输的坏情绪时，他是什么都听不进去的。不妨给孩子一些独处的时间去发泄，让他哭一会儿，轻轻拍拍他的小肩膀，摸摸他的小脑袋，或者带他出去散散步，帮助他平复自己的心情，然后再提出具体的建议。

⊙ 正面态度更关键。除了一些安慰的话，比如"没事的，输一次没什么大不了，下次咱们肯定会赢"，更重要的是帮孩子找出失利的原因，一起说说这次是为什么输了。父母面对失败的态度也是在告诉孩子，怨天尤人没有用，只有平静下来，分析具体原因，找到方法，继续努力，才有可能会成为下一次的赢家。

⊙ 小小挫折来帮忙。日常生活中的小困难对于孩子来说还真不少，当他想学系鞋带时，当他想为你准备一件手工小礼物时，当他提出自己来试一试时，请不要拒绝。他不会一下子学会系鞋带，但他会知道看上去简单的事自己不一定能一次做好。慢慢地，他在面对困难时会越来越理智，等再输了的时候，他还会难过，但哭闹的情况会越来越少。

说脏话

文 | 郭丽华

不知从哪天开始，天真可爱的孩子也开始说一些不好听的脏话了，不开心时说，手里摆弄玩具时也说，父母对此严厉呵斥也没能完全止住。真不知道这些脏话到底从哪儿学来的？孩子为何说得那么起劲？

● 为何要说脏话？

⊙ 从各种渠道模仿。电视节目、小区院子里其他正在说话的人、开车中突遇不文明情况时爸爸的一时情急，都可能会让孩子听到一些不好的口头语。但他并不知道这和平常说的话有多大的区别，只是觉着简短上口，或是记得当时说者的痛快劲等，这些都会激起他学一学、说一说的兴趣。

⊙ 引起大人注意。当孩子说脏话时，父母一定会很严厉地制止，这让孩子觉得这些词语很有效果，可以让父母有那么大的反应，于是他就偷偷地记下来，下一次说出来再试试看。这其实是孩子引起大人注意的一个方法，他甚至觉得大人一听到这些词就生气是一个好玩的游戏。

⊙ 自己的另类玩具。此外对于孩子来说，脏话很特别、很新奇、很有意思，很多时候他自己说完都会觉得好玩，哈哈大笑，这样难免越学越多，越说越来劲。

● 3招让脏话销声匿迹

⊙ 让孩子学会处理坏情绪。如果观察到孩子在生气时会说脏话，那他一定是从别人生气时讲脏话学起的。这也是孩子自己发泄坏情绪的一个途径，只是这个方法不好，需要父母平时慢慢教他一些处理坏情绪的方法。例如：没有大风的时候，可以出去跑跑步散心；父母下班回来时，可以和孩子聊聊自己上班时不开心的事情；也可以设置心情角，放上孩子平时喜欢的玩具，在那里和玩具们说说不开心的事。慢慢地，孩子在生气时就会想到平时父母传授的有效方法，说脏话的习惯渐渐就消失了。

⊙ 听到脏话冷处理。无论孩子因为什么原因说脏话，父母都要控制自己的情绪，不要愤怒地回应、教训或表现出非常吃惊的样子。可以很严肃地告诉孩子，这样的话不文明也不好听，然后就平静地继续做手边要做的事。孩子觉得无趣，也就不会想着下次再试一试了。

⊙ 反思自己，提供丰富的语言环境。孩子是在模仿中学习的，说脏话也一样，所以在思考如何让孩子不说脏话的同时，父母也一定要反思一下自己的言行：自己有没有无意地说出一些脏话呢？如果有时是情急之中的一时口快，就和孩子说明那样说不对，下次会改。同时，选一些优美的儿歌、诗词和孩子一起读一读，让他感受更多语言的美。

智慧做父母

几个家庭结伴出游

● **形成小朋友的朋友圈**

现在，很多孩子喜欢玩电子产品、看动画片或者忙着学习一些才艺。父母可以认真观察孩子的生活圈，在日常生活里帮孩子建立属于小朋友自己的朋友圈。比如可以邀请一起学钢琴的小朋友、幼儿园的小伙伴或一起游泳的小队友等，利用周末和闲暇时间参加一些有趣的户外活动、参观展览等，让他们有机会在一起互相了解，在结伴出游中建立更亲密的伙伴关系，逐渐形成属于小朋友的朋友圈。此外，这种交流，还可以让父母之间形成良好的互动与沟通，在需要的时候彼此帮助，获取更多的养育资源。

● **给孩子社交空间**

4~5岁的孩子更喜欢与别人交往，这是儿童发展的天性，他们好奇，喜欢认知更多的人和事。人际交往是孩子走向社会的必修课，良好的人际交往是孩子幸福的源泉。我们要适当为孩子创建属于他的社交空间，不要用自己的思维限制孩子的交往，要让他们在真实的环境中进行一定的交往活动，试探、尝试、探索、观察、沟通、交际等都是他们在互动中可以不断发展的能力。我们要放下智能手机，多一些高质量的陪伴，为孩子创建真实的沟通、社交环境，带他们感知不同的世界。

● 集体生活，体验不同的家庭文化

让孩子感受一起生活的快乐，可以让他走出自己原生家庭的惯性思维，看到更丰富的世界，体会不一样的家庭文化。这种大家一起出游的机会，可以让孩子感受不同性格的特点和不同家庭的饮食习惯差异。不同环境所带来的新鲜感也会让孩子敢于尝试不同的事物，感受更加多元化。比如，"我最喜欢天天妈妈，因为她总是乐呵呵，而且做的蛋包饭特别好吃，我的妈妈不会做""鲁伊家的小狗特别可爱，我很喜欢跟它玩儿"，这种不同家庭所带来的不同文化，会引导孩子认识更加丰富的世界。

兴趣班，怎么选？

● 为什么上兴趣班？

很多父母在面对兴趣班时很迷茫，不知道该怎么选，因为他们只是跟风式地在为孩子"加码"，并没有从孩子自身出发去考虑。父母可以静下心来问问自己，为什么要让孩子上兴趣班？兴趣班到底可以为孩子带来什么？是为了让孩子锻炼自己，是为了给考试成绩加分成为一块升学敲门砖，还是为了让孩子真正感受这个兴趣的快乐？其实，兴趣是为了让孩子能与自己更好地相处，在一些时刻可以抒发与表达自己。对于不同的孩子，每位父母心底都有一份对应的答案，不要把兴趣培养与孩子的前途强行关联，那会让孩子远离最初的热爱。

【4~5岁】

● 如何选择适合孩子的兴趣班?

　　为孩子选择适合的兴趣、爱好,报一些他们喜欢的课程是提升他们修养的方式,也会为孩子今后的品质生活打下坚实的基础。4~5岁的孩子正处于对世界充满好奇、不断探索的年龄段,有些孩子什么兴趣班都想上,踢球、画画、钢琴他都超喜欢,看似什么都热爱。在这样的情况下,父母可以和孩子坐下来聊聊,先选择1~2项上上试听课或者短期班,这样的短期课程可以让孩子有直观的感受,也更便于父母观察、确认孩子是否真的感兴趣或者适合这个兴趣班。不要选择太多的兴趣班,精选后要和孩子建立规则和约定,父母和孩子一起努力坚持。

保持家庭成员教育观的一致

　　在一个家庭里,什么问题最受重视?当然是孩子的教育问题。每个人都有自己的见解和主张,大家的观点常常相互矛盾,尤其是祖孙同堂的家庭,由此引发尖锐对立的情况并不少见。

　　父母们习惯不同,阅历不同,对做人和成才的标准也不同,家庭教育出现矛盾是必然的。

　　比如,孩子上幼儿园快迟到了,可是他还在不紧不慢地吃饭。爸爸要孩子"自己的事情自己做",吃饭穿衣都自己来;妈妈则不停地催孩子快一点,最后忍不住给孩子喂饭,并麻利地给孩子穿戴整齐。父母为此相互埋怨。

　　再比如,周末,孩子跟着奶奶去逛商场,不仅买了新玩具,还吃了快餐。妈妈知道后就不太乐意,觉得吃快餐会影响孩子的健康。

● 协调一致是最高原则

　　家和万事兴,只要本着和谐的原则,就能找到更好的方法。

　　孩子如何能按时到校?父母可以多提意见,然后协调一致,比如,可以提前起床，可以提前备好衣物节约穿戴时间，可以用一些小游戏激发孩子抓紧时间等。

如何解决孩子想吃快餐的问题？可以和孩子约定，比如每个月或更长的时间吃一次。常吃快餐不健康，但只要有节制，也可以偶尔吃一吃。

● 如何避免争吵？

每个人都认为自己是正确的，当双方各执己见时，很容易引发争吵。而争吵则是最失败的教育。

保持开放的心态最为重要。父母之间要相互理解，同时也要体谅老人，当设身处地从对方角度看时，很多问题会迎刃而解。

次优也是好方法。有时候找不到大家都特别认可的方法，那就接受一个不算差的方法。不论什么方法，都比争吵好一万倍。

> **小提醒**
> 一个终日吵吵闹闹、氛围不和谐的家庭，非常不利于孩子的身心发展。在教育孩子的时候，如果家庭成员当中有任何一方觉得教育方式有问题，可以在私下沟通交流，而不应该当着孩子的面争吵。另外，我们要用发展的眼光看待教育方法，只要能够有助于孩子成长，大家都可以互相交流学习，给孩子营造一个好的家庭氛围。

保持与社会的连接

全职妈妈在家带娃，很容易将全部的关注点都放在孩子身上，缺少了与社会的连接，也容易造成对孩子的过度关注。建议全职妈妈还是要适当融入社会，不让自己和社会脱节。

● 给学习留出时间

孩子上幼儿园后，除了处理家务，全职妈妈有一些自己的时间，建议全职妈妈将这些时间进行规划，适当给自己制订一些学习计划，或者是给自己提出一个目标和要求，比如每天记录一个500字的养育感悟，或者是10天看完一本科学养育类的书籍，一周学完一套心理学音频课程等。虽然有些全职妈妈并没有重回职场的打算，但是也不要放弃学习，因为在学习的过程中，我们可以更了解社会的发展，也能敦促自己不断思考。

● **与其他家庭一起带娃**

和几个家庭组成"带娃阵线联盟"，经常一起聚会、出游，在孩子们一起玩的同时，妈妈们也能经常聊天，就一个话题进行讨论，这也是一个亲密接触社会的好方法。不同的职业、不同的生活，会让大家对同一件事有不同的看法和想法，帮助自己打开固有的思路，从不同的视角去思考问题，这对于养育生活，甚至是家庭关系的调整都是有帮助的。

● **多参与志愿活动**

可以关注所在社区的公众号或者社区微信群，成为热心的志愿者，利用孩子上幼儿园的时间做一些志愿活动，比如指导垃圾分类、清理楼道小广告，在帮助他人的同时也有机会融入社会，体现自己另一方面的价值。也可以加入志愿者服务体系，根据自己的时间参与一些公益活动，比如周末在车辆枢纽站指路，在公园指引游人遵守园方规定，如果有些活动能带上孩子一起参加，就更好了，在妈妈自己亲密接触了社会的同时，也培养了孩子的公益之心。

● **在兴趣里找朋友**

每个妈妈都有自己感兴趣的事，其实任何兴趣都是有团体的，不管是健身、阅读，还是做饭、插花，都可以通过网络找到与自己兴趣相投的人，参与他们的线上或线下活动。在参与活动、与陌生人打交道并不断熟悉的过程中，全职妈妈的社交圈子也在不断扩大，保持了与社会的良性连接。

让家对孩子更友好

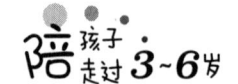

让家井井有条

孩子在家里一会儿玩玩具,一会儿看电视,一会儿把书都拿出来翻一遍,弄得家里就像被打劫了一般乱糟糟。我们可以在家里做一个区域的划分,合理安排家居环境,比如,有阅读专区,有活动专区,有玩具角落等,带着孩子每天在各个区域玩儿,形成记忆。如果空间没有那么大,那么每个区域可以很小,目的只是让孩子明白这些专有区域都是有功能的,有些区域是不可以随便进入、乱扔东西的。这样孩子可以在小区域里实现自我的整理,也便于父母跟孩子沟通,明确他要对哪个区域进行收拾,比如让阅读专区的书架恢复整洁等。

- 提供有利于孩子生活自理的条件

4~5岁正是孩子开始尝试生活自理的年龄,我们要在家庭环境中为孩子打造硬件和环境氛围。比如,孩子有自己的阅读书架、衣柜、书包、玩具箱或抽屉等,这样不仅可以让孩子对物品有归属感,还会多了一分主人的责任感,

【4~5岁】

更有助于孩子在生活中及时地整理自己的物品。

- 以身作则，建立规则

　　4~5岁的孩子正处于喜欢模仿大人的阶段，父母要时刻注意自己的言行，要有表率行为，要有整理和归纳的意识。周末可以设立一个"家庭打扫日"，每次安排一个整理监督员，可以是爸爸、妈妈，也可以是孩子，轮流进行组织规划。这样有规律的家庭活动，不仅可以促进亲子生活，还可以让大家分工合作，为家庭做出贡献。

准备适宜的健身器具

　　躯体的运动可以促进大脑的发育，找一些孩子感兴趣的运动游戏，准备一些好玩的运动器具，可以激发孩子参与运动的兴趣，帮他养成经常运动的好习惯。这不仅对孩子的智力开发和身体健康十分有益，而且可以帮助他形成积极向上的性格。

- 4~5岁的运动能力发展水平

　　⊙ 可以倒退走。

　　⊙ 能轻松完成单脚跳。

　　⊙ 能接2米外抛来的球。

- 球类：最适合这个年龄段孩子的运动玩具

　　球类游戏所涉及的面非常广。比如，滚球有站着滚、蹲着滚、单手滚、双手滚、击滚、托滚等；拿球有侧握、正握等，这些对孩子的动作要求都不一样。另外，球本身还有不同的质感，这些不同所产生的内部感觉是不一样的。可见，玩球类运动游戏不仅对孩子的身体健康有好处，对孩子智力的发展也很有好处。

　　另外，运动本身不是单一的，而是多方面的促进。比如孩子玩球的时候，球本身有光滑的、粗糙的，大的、小的，各种颜色的，孩子可以认识形状、颜色；游戏中加入儿歌，让孩子边玩球，边念儿歌，边表演，可以发展语言和节奏感等。

- **适合孩子玩的居家游戏**

在家里找一些简单的物品，就可以和孩子一起玩得很开心。

⊙ 从小木棍上跳过去。在地上放一根小木棍，让孩子从上面跳过去。也可以把书或纸张平铺在地上，让孩子跳过去。

⊙ 跳过障碍物。在地上摆一个娃娃或小枕头等软的东西，作为障碍物，让孩子试着跳过去。待熟练后，可以逐渐提高障碍物的高度。

⊙ 练习单脚跳。让孩子试着用一只脚跳，可以让孩子边听音乐，边练习跳跃。

有益于学习的空间

- **提供良好的阅读环境**

我们常常会说要为孩子提供良好的阅读环境。良好的阅读环境有几方面：第一，安静的阅读环境。安静的阅读环境会提高孩子的阅读效率，不要将孩子置身于一个嘈杂的家庭环境中，这样会使他无法形成有效的阅读；第二，父母往往会提供给孩子丰富的阅读资源，却忽略了自己参与阅读，其实良好的阅读环境还包括亲子共读时光；第三，父母要提供高质量的绘本和少儿读物，为孩子挑选适合他们年龄段的图书。

- **培养写作和记录的兴趣**

父母可以在日常生活中与孩子一起学习，并且用文字、图画和符号的形式将有趣的事情记录下来。这样不仅可以让孩子增加体验感，还可以学习记录，这也有助于他以后的写作与表达。

【4~5岁】

引入传统文化

● 在阅读中体会传统文化

现在,有很多优秀的传统文化绘本可以让孩子在阅读中体会传统文化的魅力,比如"小姥爷给孩子说北京"系列的《城门》《胡同》《四合院》,"和朋朋哥哥一起逛北京"系列的《游故宫》《看京剧》《做景泰蓝》《逛前门》等,还有《孩子应该知道的国家宝藏》等很多中国传统文化读物,这些图书都将为孩子带来不同形式下的传统文化的故事与魅力。

● 引导孩子了解多种传统艺术形式和作品

孩子可以从阅读中感受中国传统文化的精髓。此外,父母也可以在节假日带孩子观看或参与传统民间艺术和地方民俗文化活动,比如带孩子看皮影戏、学习剪纸和观看捏面人等。如果到外省市去旅游,也可以预约去各大博物馆参观,例如陕西博物馆、河南博物馆等。通过不同形式去了解不同地域文化的风土人情和艺术形态。

● 在家庭教育中融入传统文化

中国传统文化就在我们的身边,在家庭教育中我们可以留心观察和引导,比如到了不同的地方,我们可以看到不同的服饰文化。日常生活中,教孩子认知节日和对应的传统习俗文化与历史故事,比如了解二十四节气是什么。这些都是中国传统文化教育的一部分,父母可以提前学习相关的知识,在不同的节日与节气到来时,与孩子一起进行资料搜索和学习。

激发想象和创造的空间

● 尊重孩子自发的表现和创造

我们每个人都富有想象力和表达的意愿,因此我们也应该尊重孩子的自我表现，不要扼杀他的想象力和创造力。在家庭教育过程中，我们要特别关注孩子思维的变化，尽量保护孩子的想象力，不要用大人的思维去限制孩子的行为和想象力，让孩子在一个自由的空间下感知、创造。

- **允许孩子异想天开**

孩子的想象力和创造力是可以培养的，我们要重视在家庭教育中培养和保护孩子的自由畅想的能力。第一，要给予孩子异想天开的权利，让孩子没有限定地去创作；第二，当孩子说出一些不符合事实的话，或者画出一些我们看不明白的东西时，要给予足够的耐心，听听他的想法，看看他是怎样解读的；第三，要为孩子创造异想天开的条件，带他多去户外感受大自然带给他的灵感。

【5~6岁】

本阶段孩子身心发展

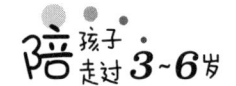

体格发育

5.5岁,男孩平均身高114.7厘米,体重20.18千克,女孩平均身高113.5厘米,体重19.33千克。

6岁,男孩平均身高117.7厘米,体重21.26千克,女孩平均身高116.6厘米,体重20.37千克。

运动能力

孩子的肌肉变得更加结实,能连续行走半个小时。能很好地控制自己的身体,运动的灵活性和准确性也比以前更强了,可以进行单脚跳、跳绳、跳舞、打乒乓球等运动。

精细动作已经发展得很好,可以灵活地使用笔画画,使用剪刀、彩纸、胶棒等工具做手工。

【5~6岁】

语言能力

能完整地复述自己熟悉的故事，还会编造一些想象的情节，并乐于与家人分享。

喜欢而且能比较自由地表达自己的思想情感和对一些事情的看法，语言的组织能力更强，甚至还能和父母对一些自己了解的话题进行讨论和争辩。

认知能力

时间概念更加清晰，知道一年有12个月以及一周中每一天的名称。能初步理解真实与虚构的关系。能发现简单事物的因果关系，会推理判断，初步理解了守恒概念。

社交能力

更喜欢和小伙伴一起玩耍了，能很好地使用社交技巧参加集体活动，当与小伙伴发生争执时，会使用社交方法比如改变自己的行为或提议暂停的方式来缓解矛盾，不让矛盾激化。

> **小提醒**
> 孩子在6岁左右才能在相当的程度上完成神经纤维的髓鞘化，这能帮助他们听从命令、集中注意力、有一定的控制能力，更好地接收信息和处理信息等，学校的整个教育是需要孩子的大脑发育到这个程度才能实现的。幼儿园大班全面取消了学认字、学算术、学英语等，并不是说不允许孩子学习，而是从脑发育角度看，孩子在这个阶段尚未做好正规学习的准备。
> 但是，父母也不要误解，不过早地学习，并不是说让孩子完全不接触或者不给孩子学习和汲取信息的环境。亲子共读图画书是学习，听外语儿歌也是学习，在生活中摆碗筷了解数的概念更是学习。

健康、安全地生活

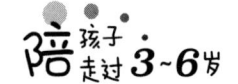

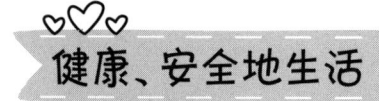

懂得适度饮食

健康良好的饮食习惯,可以让孩子获得充足而均衡的营养,满足生长发育的需要。让孩子知道适度饮食,可以让孩子学会控制饮食、规划饮食,孩子的这种主动行为比父母给他规划饮食更有利于健康和成长。

● **再爱吃的东西也要有节制地吃**

孩子遇到爱吃的食物往往"刹不住车",容易吃撑了。吃到差不多的时候父母要提醒孩子,好吃的东西也不能无节制地吃,不然肚子会不舒服的。当孩子吃多了,肚子不舒服的时候,告诉他这就是吃多了的"后遗症",提醒孩子以后要注意。

● **帮孩子接受各种食物**

孩子的味蕾比大人的要敏感,很多父母吃起来不苦的蔬菜,孩子吃起来是苦的,所以会拒绝吃。父母可以多变换蔬菜的种类,观察孩子更容易接受哪一种，因为蔬菜之间是可替代的，不必强迫孩子每一种蔬菜都要吃到，比如西蓝花、芥蓝的苦味比较重，可以换成嫩嫩的、有一丝丝甜味的小青菜，孩子会比较容易接受。

● **让孩子体会饥和饱**

孩子需要体会饥和饱的感觉，这有助于他安排自己的食量，对于孩子主动进食、喜欢进食很有帮助。如果担心孩子吃不饱而在他不饿的时候就让他吃，或者一定要让他把碗里的东西吃完才觉得他吃饱了，那孩子的饥饱就完全是由父母来掌握的，而不是孩子自己的感受，这样不利于孩子的愉快进食，主动掌握自己的食量。所以，要让孩子体会饥的感觉和饱的感觉，然后在父母的引导下，慢慢学会掌握自己的食量，感受到吃得适度身体才是最舒服的，饿和撑的感觉都不好。

学做简单饭菜

让孩子参与做饭的过程，帮助父母择菜、做简单的饭菜，他会因为自己的参与吃得更香，更容易接受各种食物的味道。

● **一起买菜**

带着孩子一起去买菜，在买菜的过程中，可以和他一起观察各种蔬菜的颜色、形状，了解哪些菜洗干净了可以生吃，哪些菜需要做熟了才能吃。和他讨论这些菜的味道以及做出来会是什么样子的，并让他自己挑选想吃的菜。

● **帮忙择菜、洗菜**

菜买回来后，让孩子帮着做他能做的事，比如掐豆角、剥大蒜、淘米、洗菜，并告诉他哪些菜是需要去皮的，哪些菜是需要去籽的。和父母一起准备饭菜，孩子会有"自己长大了，也能干家务了"的自豪感。即使孩子帮不上多少忙，洗的菜可能父母还要悄悄再洗一遍，这都不重要，重要的是让孩子参与进来,让他觉得,他也是家里的一分子,也能为家庭做贡献。

- 参与做菜

可以尝试着让孩子做些简单的饭菜,比如凉拌菠菜、土豆沙拉、包饺子、包包子。平时孩子不爱吃的菜,让他参与做菜的过程,他也会变得爱吃起来,因为他付出了劳动,自然要美美地品尝自己的劳动成果。

爱上运动

运动能够增强孩子的体质,促进其身心健康发展,有助于培养良好的意志品质。那么,如何让孩子爱上运动呢?

- 重视运动,养成坚持运动的好习惯

父母首先要重视运动,尽量结合年龄段来培养孩子对运动的喜爱。周末的时候,父母可以多带孩子进行一些户外运动,如果天气不好,也可以借助家里的沙发、枕头、床单等和孩子玩一些亲子运动游戏,帮助孩子养成坚持运动的好习惯。

- 从孩子的兴趣出发

在日常生活中观察孩子的喜好,从他喜欢的事物切入,帮他拓展更多的运动经验。例如孩子喜欢骑自行车,可以让他骑一段,再倒着推回来。不同的运动行为能发展不同的运动能力,锻炼的同时也增加了许多乐趣,能够让孩子坚持下去。

【5~6岁】

● 创设有趣的游戏情境

运动时，适当地加入游戏情境，编造一些情境和故事，孩子会更投入、更积极。比如锻炼孩子的投掷技能时，可以用积木块搭建一个堡垒，让孩子当"小战士"打倒敌人的堡垒。

● 提供变化多样的运动小器械

在运动中，丰富多样的小器械会成为孩子的运动伙伴。每天下楼运动时可以让孩子带个小塑料瓶，在瓶子里放一些沙子、装一些石头，拿起来举一举、掂一掂，孩子会发现装一瓶和装半瓶的重量是不同的。小器械的多样变化不仅能提高孩子的运动兴趣，还能够发展孩子的想象力和创造力。

● 用父母的运动热情带动孩子

想要孩子热爱运动，父母就要以身作则，表现出享受与孩子一起做运动的过程，营造开心、相互鼓励的氛围，提高孩子对运动的热情。

保持整洁

培养孩子讲卫生、爱整洁的好习惯，不仅能让孩子的身体更健康，生活

环境更舒服，也能让孩子更受周围人的喜爱。

- **保持衣物干净、整洁**

孩子的衣物要保持干净、整洁，经常更换，让孩子知道衣服脏了要换掉，内衣裤和袜子每天都要换洗，可以尝试让孩子自己洗内衣裤和袜子，洗不干净也没关系，父母过后可以再洗一遍，重要的是让孩子养成良好的卫生习惯。

- **自己的玩具自己收拾**

从小学会收拾玩具，对孩子养成有条理、做事细心、爱整洁的习惯非常有好处。刚开始的时候，父母要带着孩子一起收拾，一边收拾一边告诉孩子，每套玩具要收拾齐全；积木等易散的玩具，要先装进袋子里，再放进箱中；汽车排好，可以码放；毛绒玩具放一起；拼图等小件放抽屉里等。收拾玩具对孩子养成坚持不懈的习惯很有好处，要让孩子坚持做下去。

- **自觉维持公共场所的卫生整洁**

要让孩子从小就明白，整洁不仅仅是个人衣物和家里的整洁，维持公共场所的卫生整洁也是每个人都要做的。告诉孩子，在公共场所不能乱扔垃圾，不能随地吐口水、大小便。咳嗽和打喷嚏的时候，要用纸巾或手肘捂住嘴。这样的文明做法，不仅对孩子自己有利，也能惠及他人。

觉察身体的不适

当孩子身体不舒服或受伤的时候，要教会他怎样向父母或老师描述自己的身体状况，怎样寻求大人的帮助。

- **身体不舒服时**

发烧、咳嗽、流鼻涕，这些明显的症状，父母和幼儿园老师一般都能察觉，但有些身体上的不舒服孩子自己有感觉，父母却并不能很快察觉到，所以要教会孩子，身体不舒服的时候，怎样用简单的话向父母描述。

说出不舒服的部位，告诉父母哪里不舒服，比如肚子痛、头痛。如果是全身症状，无法描述部位，可以向父母描述自己的感受，比如不想吃饭、想吐、没有力气、想睡觉等。

- **受伤时**

孩子爱玩爱闹，爱蹦蹦跳跳，小磕小碰是难免的。孩子有明显的外伤，比如出血了、磕出大包了，父母和幼儿园老师能够及时发现，但有一些小伤比较隐蔽，或受伤的部位被衣服遮挡，大人难以发现，需要孩子自己告诉大人。

告诉父母或老师受伤的部位并描述受伤的情景。比如，大腿疼，因为今天玩秋千的时候被秋千撞到大腿了；手指疼，因为玩树枝的时候被扎了一下。

和小动物玩的时候，被小动物挠了或咬了，即使没有受伤出血，也要告诉大人。

如果摔倒了，磕到了头，即使没有起包或出血，也要告诉大人。

生活有乐趣

一边是压力巨大的工作，一边是"内卷"严重的养育，父母需要学会寻找生活的乐趣，才能让心灵得到滋养，增加心理弹性。

- **共同进行兴趣学习**

舞蹈、美术、运动……各种兴趣班可能会让这个年龄段的孩子很忙。大多数父母都经历着疲于接送孩子、在孩子上课时坐在教室外面刷手机的枯燥生活。其实父母可以主动改变这种现状。首先，在报班时就考虑有亲子性质的兴趣班，比如亲子舞蹈，和孩子一起进行兴趣学习；其次，父母可以在孩子上兴趣班的机构附近选择一个上课时间稍短、自己感兴趣的兴趣班，或者参加一些社群活动，充分利用好等待的时间；最后，父母可以利用网络教学的方式和孩子一起学习，比如一起学国画，一起学编程，这样能和孩子有更多的共同话题，每天回家后还可以和孩子一起兴致勃勃地"鼓捣"有趣的事。

● 让生活更有仪式感

除了节假日和家人生日时制作礼物、准备家庭活动外，还可以制订每周计划，比如每周带着孩子将家里的一处进行改造或装饰：买一件小装饰品或买一棵小绿植，将凌乱的物品摆放得更有艺术性，整理旧物进行改造……总之，让家总给人新鲜感。还可以制订一个年度计划，比如一家人一起画一本绘本或者出一本摄影集，那么每周就要为这个目标有所行动，全家一起构思故事，或者是一起外出拍照。

● 多和大自然约会

可以根据当地一年四季的自然状况安排家庭户外活动，比如春天去农村的稻田看播种，夏天去爬山，秋天去森林里捡树叶，冬天滑雪。在大自然里，即使没有任何玩具，孩子也能找到灵感玩起来，当然，同时建议父母也放下手机，和孩子一起尽情地在大自然里嬉戏玩耍，感受自然的奇妙，享受自然的滋养，从自然中汲取能量。

识别警示标志

安全意识不是凭空就有的，是需要一步步在生活中逐渐建立起来的。早早让孩子认识一些安全标志，掌握基本的安全常识，会让他在以后的生活中受益匪浅呢！

● 认一认安全标志

父母可从网上下载常见的安全标志，如"当心车辆""当心滑跌""禁止攀爬""当心触电""紧急出口"等，打印出来，和孩子一起认一认吧。你还可以和他来比赛，看谁认得多，让他小胜一把，他的积极性会更高！

● 留心身边的安全标志

和孩子一起出门的时候，只要留心，很多地方都能找到安全标志，这种学习方式更直接，孩子也会记得更牢。

带孩子外出时，指给他看红绿灯，告诉他，不管是行人还是车辆，都要遵守"红灯停，绿灯行"的交通规则。带孩子横穿马路时，告诉他要等到红灯变成绿灯，才可以从人行横道上走过去。

初次到一个陌生的环境时，先带着孩子一起找一找周围的安全标志，比如紧急出口在哪儿，灭火器放在什么地方，哪些地方是不能靠近、不能触摸的。

安全使用工具

孩子好奇又好动，对大人的用具都有天然的喜好，但父母往往从安全的角度考虑，不让孩子动大人的用具。其实，教会孩子安全、正确地使用常用的工具，反而能在很大程度上避免他因好奇而私下把玩造成危险。我们要做的，是循序渐进地教他使用生活中的各种小工具，培养他的安全好习惯，让他在生活中更自信、自立，这样才能从源头避开危险。

- **把玩具和工具分开存放**

　　给孩子准备一个专用的工具箱或者文具盒，里面放他自己的安全剪刀、塑料小刀、各种笔、铅笔刀、尺子等。告诉孩子，这些东西是他做事的工具，不是游戏的玩具。教孩子玩完游戏或做完事以后，都要把玩具或者工具收好分别存放，养成分类收纳的好习惯。

- **安全地递送和接过工具**

　　给孩子示范如何递送和接过工具，让孩子养成良好的安全习惯。比如，递送剪刀、刀具、螺丝刀等带尖头的工具时，要手拿尖头的一端，将把手递给对方，同时注意尖头要指向自己身体以外，不要直接对着自己。动作要轻、慢，等对方拿稳了再放手。接工具的动作也要轻、慢，拿稳了等对方松手再拿过来，以免抽回太快伤到对方。

- **孩子使用成人工具时要有父母监护**

　　螺丝刀、扳手、锤子等要由父母管理，孩子要在父母监护下才能使用。从孩子三四岁开始，爸爸妈妈修理和安装家具、电器的时候，就可以让他帮忙递工具、拧螺丝。这时可以教孩子分辨各种螺丝刀：十字的、一字的、内六角的、外六角的等。

学习基本的自救技能

　　让宝宝学会简单的伤口处理方法和自救的能力很重要，这是最基本的生存技能之一。

【5~6岁】

● **常见外伤的第一时间处理方法**

孩子受伤，最多见的就是皮外伤。但不同的情况，有不同的处置方法。

⊙ 擦伤。皮肤表层擦伤，轻度出血。可以用清水冲洗受伤部位，用创可贴暂时贴在伤口处止血。

⊙ 扎伤。皮肤出现一个小而深的洞，可能有轻微出血。这种类型的伤口最容易感染，因为伤口很小、很深，但出血不会太多，因此无法冲走细菌。所以，要马上用肥皂和温度适中的清水进行清洗。

⊙ 瘀伤。在皮肤表面形成肿块。在创伤发生的24小时内，可用冰袋冷敷患处，以减轻疼痛或肿胀。

⊙ 烫伤。将烫伤处用自来水冲10分钟以上，彻底降温，必要时要及时送医治疗。

● **灵活生动地教孩子如何自救和求救**

利用图书、游戏、模拟体验等方式，灵活生动地教孩子如何自救和求救，这样孩子容易记得住，也愿意配合。

比如，购买几本讲述逃生、自救的图画书，和孩子一起边看边讨论：着火了，为什么小袋鼠要在阳台上挥着红色的衣服求救啊？因为红色显眼，远远就能看见；逃离火场时为什么要走楼梯，不能坐电梯呢？因为火灾发生后，断电会造成电梯停止，把人困在其中，会使其处于更危险的境地。

● **和孩子一起玩自救游戏**

父母扮演伤员，让孩子扮演急救人员给父母处置伤口。然后再让孩子扮演求救的人，假装拨打急救电话求救。告诉孩子不同的情况应该打什么电话，怎么向急救人员描述求救情况。

● **体验逃生**

有条件的话，带着孩子去体验一下安全逃生就更好了。有的地方可以参加逃生体验，训练大家在遇到突发事件时的应急反应和逃生经验。有的场所还是专门为孩子设立的，互动性强、丰富生动的体验式教育，可以让孩子在游戏中掌握安全知识。父母可以在网上搜索相关信息，和孩子一起参加体验，在提高孩子自救能力的同时，父母的自救能力也能得到提高。

爱学习，会学习

通过阅读解决问题

● 经常和孩子一起阅读，引导他以自己的经验为基础理解图书的内容

⊙ 注重读图。相比抽象的文字，这个年龄段的孩子还处于读图阶段，对图画更敏感，所以在引导孩子阅读的时候，要顺势而为，和孩子一起多关注绘本中的图画。绘本是图画和文字的结合，很多绘本的画面内容不是通常理解的插画，而是各有各的内容，互相配合，图文综合起来才是一个完整的表达。还有一些绘本干脆就没有文字，纯粹用画面来呈现，所以在阅读的过程中，父母要跳出文字的局限，和孩子一起去发现图画中丰富的细节和内容。

⊙ 开展阅读拓展活动。很多绘本中的内容都与孩子的生活有关联，父母可以借助这些绘本，和孩子一起开发更多的延伸活动。比如《乌鸦面包店》描绘的是乌鸦一家的故事，这其中就包含着家庭关系，父母可以从这个角度出发，让孩子了解自己的家庭成员和家庭关系。比如《云朵面包》里描述了猫

咪姐姐带着弟弟在下雨天一起出门散步的故事，在现实中，孩子也喜欢穿雨衣、雨鞋出门玩水，所以读完这本书，父母可以在下雨天带孩子一起出门散步，看一看有哪些新奇的发现。

● **激发孩子的阅读兴趣，培养阅读习惯**

⊙ 让孩子享受阅读的过程。对孩子来说，阅读时间应该是轻松愉悦的，这样才能建立起孩子的阅读自信和成就感，才有利于孩子坚持阅读，养成良好的阅读习惯。在这个过程中，父母和老师应该是陪伴者，陪孩子读一读书中的故事，和孩子一起扮演书中的角色，为孩子营造一个舒适的阅读角等。

⊙ 让阅读成为孩子解决问题的工具。当孩子遇到感兴趣的事物或者问题时，和孩子一起主动到书中寻找答案，让他感受阅读的作用，体会通过阅读获取信息的乐趣。比如这个年龄段的孩子都会对动植物感兴趣，带孩子认识动植物时，如何利用好阅读这个工具呢？

一种方式是先体验，找到孩子感兴趣的动物，再去找相关的书，展开主题阅读，拓展认知。比如孩子参加了昆虫夏令营，接触了很多昆虫，听老师讲解了很多的昆虫知识，这时候父母就可以给孩子找出一些昆虫相关的绘本，让孩子拓展阅读，加深对昆虫的认识。在选择这类绘本时，要注重图画的真实性而非艺术性，尽可能挑选图片细节相对真实的图书。

另一种方式是先通过阅读发现孩子感兴趣的部分，再创造机会让他去体验，从书本步入现实。在和孩子阅读绘本的过程中，书中可能会提及孩子特别喜欢的动植物，但这些内容是为故事情节服务的，对这些动植物的介绍并不是特别充分，那么父母就可以带他去实地探究一番。比如绘本《拔萝卜》，孩子在读这本书的时候，如果对萝卜感兴趣，那父母就可以带孩子去超市看看真正的萝卜是什么样的，有哪些不同的种类，可以买回来尝尝看，还可以到萝卜的种植区看看。最好是在收获季节，带孩子去看看植物的形态和生长情况，获得更进一步的直观了解。现实的生活体验能帮助孩子综合运用视觉、触觉、味觉等感受，获得全方位、多维度的认识。

体验书写

让孩子在写写画画的过程中体验文字符号的功能，培养书写兴趣。

- 利用生活中的各种机会，帮助孩子自然地识字

文字在生活中的场景无处不在，大多数孩子从很早的时候开始，可能都会对井盖上的符号、路上的标志牌产生好奇，对周围环境的文字、符号充满兴趣，这些都是孩子主动识字的良好契机。

家庭中的各种物品上，汉字也无处不在，当看到这些文字的时候，父母可以用手指着大声念给孩子听。带孩子坐车外出时，也可以让孩子观察一些路上的标志牌，了解不同道路的名字，顺便对这个城市的道路网络也能建立初步的认识……这样的场景都是让孩子在有意义的情境下识字的好机会，既能让孩子加深对汉字读音的记忆，也能够获得对字义的理解。

- 用文字记录孩子的生活

孩子都喜欢涂涂画画，父母可以利用这个特点让孩子学着做记录。比如带孩子去动物园之后，父母可以引导孩子画一画看到的动物、见到的饲养员和游客等，也可以把对不同动物的感受一起记录下来，还可以到幼儿园给其他小朋友讲一讲自己的见闻。最重要的是培养孩子记录的习惯，当孩子学会写字的时候，就可以很自然地用文字记录了。

除了让孩子自己用图画记录外，爸爸妈妈还可以帮孩子把在动物园的见闻录下来，借助软件把孩子说的话转换成文字并打印出来，按照时间和主题进行标注后，保存好。当孩子看到自己的话转化成了具体的文字，一定会觉得很惊喜，对文字也会产生亲近感，这也是在为孩子学习书写汉字做准备。

● 锻炼手部精细动作，为写字做准备

学写汉字对孩子手部的精细动作要求很高，所以在这个阶段可以选择穿珠子、系扣子、折纸、剪纸、画画等，这些活动都是在锻炼小手的灵活性，为书写做准备。

适当地和孩子一起开始练习写字，可以从写自己的名字开始，建立孩子对写字的兴趣。

学会提问、猜想和探究

● 尊重孩子的提问

在生活中，孩子总会提出无数个为什么。孩子的提问表明了他对世界的好奇心，我们首先要做的就是尊重孩子的提问，尊重孩子的好奇心，这是帮助孩子进入科学认知的一把钥匙。

● 用反问带动孩子思考

对于孩子的问题，他的内心是有自己的想法的，他希望通过问题和父母聊一聊。所以有时候的应对方式是跟孩子聊天，问孩子："你觉得呢？"孩子可能会说出自己的想法，开始思考这个问题。孩子能给出正确答案的可能性是极小的，但是要让孩子有一种意识，让他知道是有责任来回答这个问题的。

● 和孩子一起探索答案

当孩子提问时，认真倾听是第一步。如果父母不知道答案，无法回应孩子的提问也没关系，毕竟我们不是专家。这时候只需要跟孩子一起去探索就可以了，引导孩子一起做相关的资料收集、整理、阅读，还可以做一些小实验。这对孩子来说，是非常有意义的一个过程，也是一次科学探究的过程。

⊙ 哪些东西能浮起来？洗澡的时候，孩子很容易发现有些东西在水中会沉下去，有些东西会浮起来。挑选一些可以沾水的没有安全隐患的物品，如满的或空的洗发水瓶、肥皂、玩具、汤匙以及海绵等，放入澡盆中，让孩子观察它们是否能浮起来。在放入澡盆之前，先请孩子想一想这个东西是会沉下去还是浮起来，然后再一起来探索。

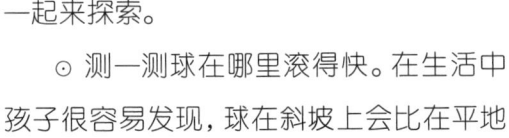

○ 测一测球在哪里滚得快。在生活中孩子很容易发现，球在斜坡上会比在平地上滚得更快，这时候可以带孩子动手测一测。用手机分别录下皮球在斜坡和在平地滚动的过程，让孩子对比观察视频中皮球滚动的情况。还可以在家庭中利用木板搭建斜坡，利用计时工具，让孩子分别记录在等长但坡度不同的斜坡上，皮球滚动到底部的时间是否一样。

○ 如何抓到泡泡？吹泡泡是孩子很喜欢的游戏，但是泡泡一碰就破了。可以和孩子一起尝试如何能抓住泡泡，并且不弄破泡泡。可以双手沾水后抓泡泡,也可以用湿的手抹上肥皂后再抓,还可以用不同的材料抓泡泡,例如报纸、铝箔纸,看看哪一种效果最好。

探究事物之间的关联

引导孩子在探究中思考,尝试进行简单的推理和分析,发现事物之间明显的关联。

● **淀粉藏在哪里?**

根据淀粉遇到碘酒会变蓝的原理,我们可以和孩子一起进行找淀粉的科学探究活动。

带孩子准备不同的食材,包括主食(馒头、面包、饼干)、蔬菜(土豆、红薯、白萝卜)和水果(苹果、橘子、草莓)等,可以根据季节来选择。同时准备好碘酒和棉签。协助孩子将以上食物用刀切成片,并按主食、蔬菜、水果分类摆放在不同的盘子里。请孩子用棉签蘸上碘酒分别在各种食物的表面上点试,观察并做好记录。和孩子一起讨论有哪些东西发生了变化,变成了什么样子。让孩子再找更多的食物进行猜想,并通过实验验证自己的想法。

● **制作传话筒**

首先准备2个一次性纸杯、一段毛线;在纸杯的底部扎上洞,将毛线从洞里穿过来,并打结系好。父母和孩子各拿一个纸杯,将杯口放在耳边,让孩子用手拨动线,看是否能听到声音。

建议孩子调整力度,看听到的声音大小是否一样。还可以寻找其他替代物品,比如杯子换成闲置的薯片桶、洞里穿过两根线等,看有什么样的变化。

- **气球直升机**

　　给一个气球充满气，拿胶带固定住充气口，再把吸管插进气球的充气口。不断地调整吸管的方向，观察气球的变化。如果吸管是直的，气球就往前方跑，如果吸管弯成90度，一放气，气球就会在地上转圈。还可以换一个更大的气球，或者选用一些有花纹的气球，如果气球旋转，花纹随着转动也会在视觉效果上发生变化。

　　带孩子进行科学活动或者做科学实验，孩子如果感兴趣，他就可以探究更多的东西。等活动结束之后，不要急着给孩子讲背后的原理，因为孩子真正感兴趣的是现象和现象之间的联系。为了激发更多的探索兴趣，我们可以让孩子按照"如果这样做，会有什么变化"的思维方式进行不断的探究。

尝试用数学解决生活中的问题

　　鼓励和支持孩子发现并尝试解决日常生活中需要用到数学的问题，体会数学的用处。父母可以从以下的活动入手引导孩子。

- **邀请孩子一起做饭**

　　做饭是一个有关比例、测量、比较、计时等的活动。煮饭时，取多少米下锅，往锅里倒多少水，不妨让孩子也看看刻度或量一量，并观察为电饭锅设定的煮饭时间，便于其了解数字；切菜的时候，可直着切或斜着切，启发孩子观察两种菜条的形状有何不同；切面包或馒头的时候，问孩子想要几份，是切成长方形、正方形还是圆形……就这样，几何和数量的概念在他的小脑袋里留下了痕迹。

- **衣服连连看**

　　要洗衣服了，请孩子帮忙倒洗衣粉，如果衣服多，别忘了提示孩子多加一勺,让他在行动中感受度量。洗完衣服,让孩子帮忙分拣,比如根据颜色、大小给袜子配对,玩"衣服连连看"的游戏;还有"找朋友"的游戏:爸爸的衣服放一起,孩子的衣服放一起……

● **安排孩子分碗筷**

让孩子在饭前给每个家人分配一只碗、一副筷子、一只勺子,让他在行动中体验一一对应的数学思想。上菜了!妈妈今天做了四菜一汤,既可请他数数菜有没有上齐,也可引导他将桌上的菜与菜名一一对应……

● **逛超市**

超市是锻炼孩子数学思维的重要场所。带孩子一起去超市购物,让孩子了解物品价签上的数字是有意义的,而且价签与物品是对应的关系;超市分为不同的购物区,蔬菜区、水果区、肉类区、面点区等,帮助孩子体会分类的概念;买完东西回家后,让孩子一起整理购买的物品,先根据蔬菜、水果、肉等进行大的分类,引导孩子分门别类地放进冰箱或储物架。以水果为例,还可以引导孩子从水果的颜色、形状、大小等特征,进行更加细致的分类。

● **根据统计结果选择春游目的地**

讨论春游去哪里玩时,与孩子商量候选的目的地,并列出每个地方的游客数量有多少。根据统计结果做出决定。

● **学会分配零花钱**

可以给孩子少量的零花钱,让他在去超市的时候自由支配,购买自己喜欢的食物或者小玩具。孩子在支付的过程中,也能逐渐学会简单的加与减。

体验新媒体学习

● **用好新媒体资源,进行线上学习**

在当今社会,孩子是土生土长的数字时代的原住民,父母要利用好新媒体资源，让孩子体验到更加便捷的线上学习方式。

⊙ 听音频故事。这个阶段的孩子很喜欢听故事，在带孩子出去玩的路上，可以借助一些讲故事平台，给孩子播放音频故事，让他在漫长的路途中有事儿干。但听故事不能取代父母给孩子讲故事，也不能替代纸质化阅读。

⊙ 和孩子一起玩体感游戏。体感游戏是一种将电子游戏与身体运动相结合的新型游戏形式，既有电子游戏的趣味性，又能达到体育锻炼的效果。父母可以给孩子选择一些操作简单的体感游戏，但要提前和孩子协定好游戏时间。

⊙ 利用工具类App激发孩子的科学兴趣。去公园时，遇到不认识的植物，可以打开手机支付宝的"扫一扫"，点开其中的"识物"，对准植物，相关介绍就会出现；夜晚带孩子看星星时，可以打开一款名为"星图"的软件，借助它，孩子可以看到宇宙的全景，只要用摄像头对准天空中的任何一个位置，就可以看到在当前位置上的星星和相关的星座图像，激发孩子对太空的兴趣。

● **做合格的学习陪伴者**

新媒体的线上学习只能作为线下学习的有益补充，不能作为孩子学习的主要方式，更不能取代线下学习成为孩子学习的唯一方式。在孩子利用新媒体进行学习的时候，父母要做合格的学习陪伴者。

⊙ 遵循"3个20法则"。利用新媒体进行学习对孩子的用眼卫生提出了更大的挑战，父母可以借鉴美国儿科医学会提出的"3个20法则"来帮助孩子保护视力，即每注视电子设备20分钟，就应把眼睛离开屏幕，远眺20英尺（约6米）以外的物体至少20秒以上。

◎ 增加孩子在真实生活中的互动和体验。为了不让孩子成为自然缺失的"电子儿童"，我们还应当在条件允许的情况下，让孩子多接触大自然、多与他人进行面对面的交流，在居家学习时期可以通过打电话或视频通话等形式多跟伙伴和老师进行人际互动。

◎ 做优秀的"电子合伙人"。父母的躬身示范对于孩子的学习和成长具有举足轻重的作用。父母如果能够科学合理地使用电子设备，并给予孩子高质量的温情陪伴，那么孩子通过观察学习，也会逐渐成长为未来社会优秀的"数字公民"。

关注身边的科技应用

● 利用科技产品体验科技的魅力

在生活中，科技随处可见，我们要引导孩子认识身边的科技产品，让孩子意识到科技改变生活，激发孩子学科学、爱科学的意识。

◎ 比如以智能扫地机器人等为代表的智能家居，只要设置好操作程序，机器人就能自动地打扫屋里的各个角落。可以教孩子具体的使用方法，让孩子感受科技的神奇之处。还可以和孩子一起玩机器人游戏，通过轮流扮演机器人，亲身体验和模拟机器人的智能化操作。父母可以和孩子约定一个特殊的指令，只要"机器人"听到这个指令，就要完成相应的动作。

◎ 很多父母都为孩子购置了智能电话手表，电话手表能实现与手机的语音通话功能。父母应该给孩子示范正确的使用方法，并教会他遇到危险时应该如何利用电话手表求救，和孩子提前进行演练。

【5~6岁】

⊙ 带孩子去动物园或者游乐场的时候，使用智能语音导航系统，让孩子听一听导航系统是如何工作的。给孩子讲一讲导航系统背后的卫星发挥的作用，还可以给孩子介绍中国自主研制的北斗卫星导航系统。

⊙ 带孩子出远门的时候，可以体验一下高铁这种交通工具，让孩子感受300多公里的时速度，体验短则几十分钟，长则几个小时就能抵达目的地的神奇，给孩子讲一讲中国高铁取得的成就。

● **在生活中做好科学启蒙**

有很多父母担心自己不擅长科学学科，会影响孩子的科学素养，很多父母都有带孩子学乐器、接受艺术熏陶的经历。培养孩子的艺术素养，可以把孩子带到美术馆接受熏陶，虽然我们不一定懂美术，但是进入到美术馆后，就会产生一些新的体会和感悟，环境本身对孩子来说就是一个很大的触动。科学也是一样，父母可以带孩子走进科技馆，听老师讲解一些基本的科技课程，在条件允许的情况下还可以购买一些科学教具、教材，有机会的话拜访一些科学家等。总之，父母要用心去拓展渠道，在生活中给科学留一个位置，这样才可能给孩子打开一扇科学之门。

体会人文景观之美

● **和孩子一起感受、发现、欣赏自然环境和人文景观中美的事物**

⊙ 带孩子去美术馆。美术馆是带孩子感受美、提高审美力的场所，为了让孩子在美术馆里不感到无聊，要充分调动孩子的所有感官全面参与。比如看到一幅作品时，除了用眼睛去看以外，还可以和他一起模仿画中人物的动作，以及想象出当时的对话场景进行表演。但是要注意这些形式都不是目的，最重要的是引导孩子学会看到艺术作品的细节，感受到每一幅作品都是有情感的。

⊙ 带孩子参观人文景观。以故宫为例，带孩子游览故宫，不仅能感受到故宫的建筑之美，比如宏伟壮观的城墙和殿宇上的红墙金瓦，房檐上的奇珍异兽，华美的角楼等，还能体验到中华传统文化的魅力和风情。数不清的文物、道不尽的皇家故事、看不厌的园林风景，无一不凝结着劳动人民的辛劳和智慧，是中华民族的骄傲。通过游览故宫等人文景观，让孩子意识到艺术之美，更感受到文化之美。

⊙ 发现生活中的美。生活中也有很多美的存在和体现。比如看到摆放漂亮、有设计感的花坛时，一起赏析一下是由哪些不同色彩、错落有致的植物组合构成的。比如看到色彩绚丽的夕阳时，和孩子一起停下来，拍张照片，讨论一下有哪些色彩、图案，回到家还能让孩子利用这些元素创作一幅绘画作品，把美的感受记录下来。

● 父母要保持开放的心态

不论是参观美术馆还是故宫等人文景观时，要用开放的心态和方式同孩子交流，多提一些开放性问题，而且不要给确定性的答案，不做总结和评价，激发孩子观察和思考的欲望。比如多问问孩子你看到了什么，有什么感受，而不是简单地问孩子好不好看。

用艺术表现生活中的美

根据孩子的生活经验，与孩子共同确定艺术表达的主题，引导孩子围绕主题展开想象，进行艺术表现。

【5~6岁】

- 手工改造花盆

可以用大饮料瓶改造成花盆。做法很简单,把饮料瓶从中间剪开,分成上下两半,把带有瓶口的部分翻过来,倒置在饮料瓶的下半部分中,一个花盆就做好了。在带有瓶口的那部分中种上花草,浇水时也不用担心水会渗出来弄湿桌子。还可以和孩子一起用颜料、彩笔等装饰花盆,比如画上喜欢的小动物、涂上漂亮的颜色,一个赏心悦目的花盆就制作完成啦。

- 制作艺术餐

做饭是家庭中最常见的日常活动,可以利用做饭的契机让孩子一起制作艺术餐。比如做小兔子饭团,把米饭团成小兔子身体的不同部分,并把它们拼接起来,再用海苔剪成眼睛和鼻子的形状贴在饭团上,一个活灵活现的小兔子饭团就做好了。还可以利用蔬菜进行装饰,让色彩更加丰富,比如用胡萝卜片给小兔子做肚兜,用青菜摆成草丛的样子,用西红柿做出小花装饰在草丛里。

- 用自然材料进行扎染

扎染是中国民间独特的染色工艺,我们也可以带孩子体验和感受这项传统工艺的魅力。扎染的第一步是制作染色剂,我们可以和孩子一起在大自然寻找天然的染色剂,比如树叶、各种有颜色的果实等,通过压榨成汁就能得到染色剂了。接着用绳子、夹子等把布扎起来,把扎好的布放进染色剂里,浸泡半个小时左右。最后拿出布,打开绳结,一幅扎染作品就完成了。

尝试用新媒体创作

- 带着相机去博物馆寻宝

如何让孩子爱上博物馆是很多父母都头疼的问题。不如让孩子带上相机去博物馆寻宝吧,不仅能让博物馆之旅更有趣,也能激发孩子持续去博物馆的兴趣。在带孩子去博物馆之前，告诉他今天的任务是找到5件最喜欢的作品并拍照记录。

- 记录动植物的生长

孩子大多都有过养植物或者动物的经历，可以鼓励孩子用手机记录动植物的生长情况。以种豆芽的经验为例，让孩子每天为水中的黄豆拍照，并为孩子在电脑上设置专门的文件夹，让孩子每天把照片上传到电脑里。在一段时间之后，孩子打开自己的文件夹，既能看到黄豆前后的变化，也能真正看到豆芽生长的轨迹。

- 开办主播电台

如何提升孩子的表达力，锻炼孩子的胆量呢？不如开办一个主播电台，让孩子体验一下当电视台的主播。让孩子进行新闻播报，用平板电脑或者手机录制下来。还可以邀请其他孩子一起玩这个游戏，分别担任主播、导演、观众等不同的角色。导演和观众可以在录制的过程中提意见，比如告诉小主播："主播，你的声音要高一点！""主播，你需要微笑。"小主播如果不相信，可以自己去回看视频，然后不断提升自己的播出品质。

- 配音秀

通过使用配音App，让孩子为自己喜欢的动画片片段配音。别看最后的配音成果只有短短几分钟，但却囊括了一个很复杂的学习过程：孩子不仅要对语言、语调进行倾听和模仿，还要与动画片主人公有情感共鸣，用自己的创意将台词输出，而且还要和同伴天衣无缝地合作，互相配合。

养成良好品行

逐渐走向独立

在孩子小的时候,我们与他建立亲密关系是为了帮助他更好地成长;现在,他逐渐长大,我们是时候帮他养成良好品行,帮助他早日走向独立了。

- 放手让孩子做事情

每一个孩子都喜欢体验自己能做好某件事的感觉,这样会让他觉得自己很能干。父母可以尽早让孩子参与到家庭的日常生活劳动中,让孩子学会拿碗筷、摆凳子、丢垃圾、择菜、洗自己的小袜子等。只要是自己的事情,就尽量放手让他自己做,即使做得不够好,父母也要多多给予鼓励,并耐心指导,同时在孩子能力所不及的地方搭把手,让孩子在做事中树立成就感和责任感。

- 学会尊重孩子的意见

孩子要学会为自己的行为负责,要认清"我是谁""我能做什么"。在这个认知过程中，孩子会慢慢拥有强大的自主和独立精神，学会说"不"。

请父母不要总是自作主张，应该多多尊重孩子的想法，给予他更多的表达与选择的机会。父母不妨试试，从穿衣、点餐、画画、周末安排等事情做起，询问孩子的意见，尽量按孩子说的来。父母很快就会发现，孩子非常有想法，能把很多事安排得井井有条。

● 放手让孩子独立交往

孩子3岁以后，父母要给他创造充分的与同伴交往的机会。交往经常会伴随矛盾和争执，这恰恰有助于培养孩子独立解决问题的能力。父母要尽量少干预、不介入、不调解，避免做"法官"，把解决问题的机会还给孩子。很多时候父母会顾及面子，或者担心孩子伤心、失望等而迅速出面帮助孩子解决问题，殊不知，承受伤心、失望等情绪也是孩子成长的重要一步，是孩子的权利。

> **小提醒**
> **依恋与独立不矛盾**
> 有些父母总觉得孩子太黏人了，将来独立性发展肯定很差。其实，孩子对照顾者的安全依附感是他探索环境、学习新事物、发展自我概念的前提，对于其以后的社会能力、情感发展都有很重要的意义。小时候依恋关系建立得越好，未来孩子的分离焦虑就会越小，孩子也会越发独立、勇敢、自信。所以，让孩子独立并不是对孩子不闻不问，而是给孩子爱与支持。

累积亲情

亲情如花园，不管不问也会荒废，精心护理才能永葆芬芳。怎样高效积累和孩子之间的亲情呢？

● 保持仪式感很有效

不少父母觉得仪式感有点矫情，一家人有必要搞那个吗？当然有必要，仪式感对增进家人的亲情非常有帮助。

比如，孩子过生日时，父母给孩子订他喜欢的蛋糕，准备礼物，在温馨的气氛下点燃小蜡烛，给孩子说祝福的话，并送上礼物，孩子会感受到浓浓的爱意，这样的场景会让他铭记。父母生日时，可引导孩子画张卡片，或是用手机录下祝福的话语，父母很幸福地接受并表达感谢。

日常生活如何保持仪式感呢？父母相互之间要习惯性表达欣赏和感激，吃饭时称赞"今天的饭菜真香"；叫孩子起床时，说声"早上好"；看书时，说一句"跟宝贝一起读书最幸福了"；睡觉前亲一下孩子额头，轻轻地说"宝贝，做个好梦"。诸如此类，让家人时刻感受爱意。

● 让孩子传承良好家风

不少父母有误解，认为对孩子多付出就会增进亲情，其实不然，慈母败儿的例子有很多，传承好家风才是最有效的。

● 尊老是基础

平时多陪老人聊聊天；每次购物时，询问老人想要什么；做饭和外出点餐时，注意照顾老人的偏好等。孩子的观察和模仿能力都非常强，父母是敷衍老人还是真心对老人好，孩子都看在眼里，他的言行也会受此影响。

● 爱幼要走心

我们常常替孩子做决定，比如在幼儿园阶段就让孩子学外语、学钢琴、学绘画。父母更应该蹲下身来问孩子："宝贝，你心里喜欢的是什么呀？"理解并支持孩子的想法，孩子和父母的亲情会更深。

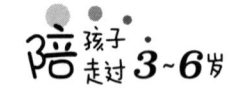

> ☆ 小提醒
> **绘本里的祖孙情**
> 3~6岁的孩子都特别喜欢阅读绘本，有心的父母可以和孩子一起阅读《先左脚，再右脚》《没关系 没关系》《奶奶来了》《我很想念你》等。这是一组有关祖孙情的绘本，通过一个个精彩而温馨的小故事，可以让孩子了解亲情的意义，学会关爱和体贴家人，以及如何与长辈、家人相处。

融入大家庭

让孩子熟悉自己的大家族，这是亲情的连接，更是帮助孩子社会化的重要一步。因为大家族的亲人们可能分散在各个地方，有着不同的生活习惯和生活状态，让孩子多了解和自己不同的人，有助于孩子的社会化。

● **建立一个家族群**

建立一个家族微信群，让孩子在群里正式地做自我介绍，也邀请每位亲人做自我介绍，让彼此有更多的了解和沟通。还可以给孩子安排一个任务，比如每天早晨在家族群里问大家早安，或者每天给大家背一首儿歌，念两句古诗，或者是讲一件幼儿园里发生的有趣的事，既能活跃群的气氛，维系家族关系，又能锻炼孩子的能力。

● **画一棵家庭树**

和孩子一起画一棵家庭树，可以先从孩子熟悉的亲人画起，比如在大树的主干上写上"幸福的家"，然后分别画上爷爷奶奶、姥姥姥爷、爸爸妈妈，再一边延展一边给孩子介绍其他亲人，并且标明亲人之间的关系。还可以在每个亲人旁边标注他现在生活的地方、年龄、兴趣爱好，甚至是有没有宠物，让孩子对亲人有更直观的认识。除了大树的形态，也可以用思维导图的形式来画。总之，和孩子一起梳理关系，一起找自己觉得最直观、最明白的方式画出来就好。

【5~6岁】

● 开线上家庭会议

受新冠肺炎疫情的影响，很多工作会议都是在线上开的，线上会议的软件功能也变得非常强大，我们正好也可以借助这些软件来开家庭会议。比如可以开家族联欢会，每个家庭准备一个节目，或者是由一个家庭的表演为主，其他家庭当观众。还可以开"个展"，比如让孩子整理自己的作品，介绍给其他家人，展览的内容可以是字画、手工作品，也可以是收藏的玩具，提前和孩子做好策划和准备，展览之后还可以把作品邮寄给亲人。也可以动员其他家人进行当地文化的展示，比如带大家云游当地的著名景点，云逛展。经常联络，彼此关注，才能不断增强大家族之间的互动和家人之间的情感。

分担家庭责任

让孩子学着分担家庭责任，不仅是一种责任心的培养，其实还有很多意想不到的好处。

● 更有安全感和归属感

通过分担家庭责任，孩子会明确地感受到自己是家庭的一分子，能从家得到爱与温暖，也需要回报家人更多的爱。孩子对家庭越有归属感，安全感也就越强。

● 提升解决问题的能力

想担负起责任，需要解决很多问题，最简单的就是如何完成一件家务劳动，比如怎么把垃圾分类清楚，这会提升孩子勇于面对问题、解决问题的能力，也能让他更有自控力。

● 培养内部动机

很多孩子缺乏为未来打拼的动力，而让孩子从小就分担家庭责任，是在潜移默化中给孩子注入内在动力，培养内部动机，不把自己看成坐享其成的人，而是需要通过自己的努力让家变得更好、让家人生活更幸福的人。

> ☆ **小提醒**
> **不用钱来衡量责任**
> 不要用金钱引导孩子分担家庭责任，比如"你扔一次垃圾，我给你多少钱"。这样做的缺点在于：孩子无法意识到家庭责任是自己必须分担的；一旦金钱鼓励撤销或者不能满足孩子的需求，他就会失去分担责任的动力。
> **简单明确地提出要求**
> 孩子容易以自我为中心，当我们唠叨得太多时，他们会选择性"失聪"。所以，我们每次只对孩子提一个简单明了的要求，比如"记得提醒妈妈锁门""10分钟后你来擦地"。而且不要指望孩子下次还能自觉地完成这些事，可以经常提醒孩子，让他们习惯成自然。
> **适当向孩子示弱**
> 在分担家庭责任这件事上，不用完全"分派"或"指导"，有时候父母可以尝试示弱。比如：诚恳地告诉孩子自己哪里不行、不会，请孩子帮忙；不会使用新买来的电子产品，请孩子帮忙研究；去超市总忘记带购物袋，请孩子帮忙提醒。
> **多用正向强化法**
> 发现孩子一些好的行为之后，要不遗余力地正向强化——对那些好的行为大力表扬。当好的行为受到奖励后，会激发孩子做出更多好的行为，这在心理学上已被无数的实验验证。

理解分工与协作，学会感恩社会

感恩是人类所有其他美德产生的根源，因此，培养孩子的感恩之心格外重要。通过让孩子理解分工与协作，可以培养孩子的感恩之心。

● **让孩子享受分工协作的乐趣**

很多家务都很适合带上孩子一起完成，比如：让孩子参与择菜、洗菜及简单切菜的过程，或者一起做蛋糕、蛋挞，最后一起享用美食；给祖父母准备礼物，父母负责包装，孩子负责画贺卡……与父母有更多这样的合作，孩子

【5~6岁】

就会逐渐理解什么是分工协作,也会感受到这是一件让人愉快、开心的事。

● **通过角色扮演游戏来熏陶**

这个年龄段的孩子都特别喜欢玩角色扮演游戏,可以以《南瓜汤》《小黑鱼》《月亮的味道》等经典绘本故事为脚本,组织几个小朋友一起,或者用家里的玩偶和孩子玩角色扮演游戏,在游戏中多和孩子讨论,让孩子了解到协作的重要性,了解到每一个个体都能带来独特的价值。

● **了解父母的工作,产生感触**

如果条件允许的话,可以带孩子到单位参观,告诉孩子自己平时的工作流程,向孩子介绍自己的工作伙伴。这样孩子就会知道,原来爸爸妈妈每天上班,也是需要和很多人一起分工与协作的。如果不方便带孩子去单位,那么可以向孩子介绍他身边的一件物品,比如一支彩笔、一本书、一块巧克力,是如何经过多少人的辛勤努力和分工协作来到我们的生活中的,让孩子了解到物品的来之不易,更加珍惜和学会物尽其用。

● **引导孩子"看见"更多的人**

平时多引导孩子"看见"周围的人,比如:快递员敲门的时候,可以让孩子开门、收快递、向快递小哥说"谢谢";去超市或商城的时候,让孩子看到理货员、清洁人员、收银员、客户服务台工作人员各司其职地工作;去医院的时候,除了医生,也可以让孩子注意到还有分诊的护士、停车场的管理人员等,告诉孩子他们每个人的工作都很重要,缺一不可,每个人都值得尊重和感谢。

做个小小志愿者

不少父母犯愁周末带孩子干什么好,周边好玩的地方全都去过了,公园更是去过多次……其实,可以带孩子去做小志愿者,这对孩子是极好的锻炼。

● **如何开始**

很多地方都有相关的机构，为志愿者提供帮助。父母可以提前通过电话或是微信等和他们取得联系，询问可以参加的项目，具体地点在哪儿，是否需要带上工具，有哪些注意事项等，并把需要注意的地方记下来。带孩子出发前，带上两瓶水，但不建议带很多零食，否则孩子一会儿想吃小蛋糕，一会儿又想喝酸奶，既分散了注意力，还容易给小伙伴留下不好的印象。

● **选择适合孩子的项目**

选择适合孩子的项目，比如：去景区捡垃圾、植树、做引导员、去社区发放环保宣传单、给环卫工送水等，这些项目都比较容易做到。通过这类项目，可以让孩子更了解所生活的城市，了解人与自然如何和谐相处。

暂时不要挑选难度较大的项目。比如做调研员、做讲解员、清扫街道垃圾、在图书馆整理书籍等，这些项目更适合大孩子。如果孩子胆小，也不要挑选去福利院做志愿者，这可能会对孩子内心造成较大冲击。

● **事后一定要及时总结**

很多父母不注重事后总结，但这对孩子的成长恰恰是最重要的。父母先表达对孩子参与志愿者活动的感谢，然后让孩子说说整个过程和感受；父母再具体说说孩子在哪方面做得好，比如发宣传单时做了讲解，还有哪些方面改进一下就可以做得更好,比如跟人说话时要看着对方;最后给孩子发个小纪念品。这样的总结可培养孩子的反思能力,让孩子越来越优秀。

> **小提醒**
> **做小志愿者是最好的精神养育**
> 做小志愿者是公益活动的一种,这是对孩子精神世界最好的养育,不仅可以培养孩子的爱心、同情心,还可以提升孩子的沟通和社交能力。父母应带头参加各种公益活动,用自己的实际行动教育孩子。比如可以利用休息时间带领孩子一起清扫楼道或居住区的公共场所,捡拾公共场所的垃圾,整理多余的衣物并送到捐赠站。

接纳和欣赏差异

这个世界正是由于有差异才变得如此美好。孩子越能接纳和欣赏差异,也就越能接纳和欣赏自我。

● 尝试不同风味的菜肴

可以带孩子多去一些风格不同的餐厅,尝一尝这家餐厅的特色菜,比如川菜里的宫保鸡丁、粤菜里的蜜汁叉烧、徽菜里的臭鳜鱼、北京小吃里的豆汁儿……告诉孩子这些菜里虽然有的他不喜欢吃,可都是当地人最喜欢的菜,让孩子理解每个地方的人都有不同的喜好,有属于自己的独特文化。

● 发现微小之美

平时孩子比较关注大树、开得比较大的花朵、体形比较大的动物,那么可以给孩子带上放大镜,或者给手机装上微焦镜头,带孩子仔细看一看带着露珠的小草,拍一拍只有指甲盖大小的野花,观察一下瓢虫、兰花螳螂等很小的昆虫,孩子就会发现它们都有属于自己独特的微小之美,也都有它们各自的生存之道。

- 寻找"不可能"

让孩子想一件"不可能"的事，然后努力去找找可能性。比如：有的孩子特别害怕蜘蛛，就会认为不可能有人喜欢蜘蛛，那么可以带孩子逛逛爬宠论坛，他就会知道有很多人喜欢蜘蛛，而且还把它当成自己的宠物；有的孩子认为不可能有男人穿裙子，那么可以让他看看苏格兰风情的纪录片或照片，孩子就会发现苏格兰就有男人穿裙子的传统，从而理解这个世界本身就是多样的、有差异的。

- 开个"运动会"

可以让孩子设计"森林运动会""海洋运动会""植物运动会"或"昆虫运动会"，分别说说每位选手都有哪些特点，适合哪些运动，应该怎么安排比赛。比如在"森林运动会"中，大象可以参加拔河比赛，长颈鹿可以参加篮球比赛；在"海洋运动会"中，旗鱼可以拿到速度比赛冠军，飞鱼可以拿到"跳出海面最高"比赛冠军。通过这样的游戏设计，孩子会理解到每个物种都有差异，但它们也各有特点和长处。

学习公平竞争

孩子在成长过程中会遇到越来越多的竞争。如何看待竞争，如何理解竞争的公平性是很重要的，我们期待孩子成为让所有竞争变得更公平的人。

- 鼓励孩子制定规则、讨论规则

多给孩子找些与同龄或者比他年龄大的小伙伴玩耍的机会，给他们提供一些新玩具或新玩法，比如桌游或棋牌，或者是玩成语接龙，让他们有自己制定规则的机会，一起讨论规则，在讨论的过程中孩子将学会倾听别人的意见，也能表达自己的想法，还可以逐渐理解如何制定相对公平的规则，比如按人数进行组合、按年龄大小分组玩、按身高进行比赛等。

- **在家里多给孩子决策的机会**

　　和孩子一起玩时，当接触到一些新玩法或不太确定的玩法时，也可以和他一边讨论一边制定规则。更重要的是，要让孩子有经常参与家庭决策的机会，让孩子能自由表达自己的想法，并且给他反馈，让他之后还可以进一步优化自己的想法再次提出，并且体会到如果自己提出的做法是公平且合理的，会被全家人尊重和执行。

- **在比赛中让孩子理解公平竞争**

　　正规的比赛都是公平竞争，这是让孩子了解公平竞争最直观的方式。可以带孩子观看多种比赛，如球类比赛、田径比赛、体操比赛等，最好是观看不同类别的赛事，并在观赛过程中向孩子讲解比赛规则。如果父母自己也不清楚规则的话，正好可以一起查阅资料和学习，引导孩子注意这些规则中的公平性。

> ☆ **小提醒**
> **培养孩子思考公平的相对性**
> 当遇到孩子觉得不是公平竞争的情况时，不要和孩子讲大道理，也不要试图说服他，可以引导孩子想一想，为什么有些人觉得这样是公平竞争，有些人就觉得不是，绝对公平的情况存在吗？也可以让孩子想出一个他认为绝对公平竞争的场景，大家进行讨论，看看是不是也存在不公平的地方。以此来引导孩子辩证地看待问题，更好地理解公平。

感受中华智慧

- **深入了解家乡和祖国的风貌**

　　无论是爱家乡还是爱祖国，都要从会爱开始。一个爱家庭、爱家乡的人，也会成为一个爱自己祖国的人，因为爱是一种相通的情感。要从小培养孩子学会表达对父母的爱和支持，比如让孩子知道给父母端杯水、亲亲父母是一种爱的表达；在幼儿园好好吃饭、好好睡觉，身体好、心情好，能让父母安安心心地去上班，也是对父母的爱和支持，而且是自己在间接地为祖国做贡献。

可以组织一个故事团，让孩子们分别讲一讲自己的家乡。鼓励孩子向父母了解家乡的知识后进行介绍，也可以在小长假回乡探亲后讲讲自己的见闻，每个孩子在讲述后都会更加了解自己的家乡，并且引以为傲。

当孩子建立对家乡的初步认识时，父母可以通过绘本、实物、特产等布置家乡风情角，带孩子全方位了解家乡的风貌。比如老家在内蒙古自治区，父母就可以在家庭的一个角落布置一个内蒙古风情角，让孩子从蒙古族服饰、草原特产、内蒙古的历史传说等各个方面了解自己的家乡，并带领小伙伴们参观。中国是一个多民族的大家庭，孩子对除了汉族外的其他民族璀璨文化的认识，也将激发孩子尊重、欣赏和包容多民族文化的意识。

● **激发孩子的民族自豪感**

给孩子介绍反映中国人聪明才智的发明和创造，如带孩子认识中国古代的四大发明——造纸术、指南针、火药、活字印刷术，激发孩子的民族自豪感。

☉ 造纸术。带孩子认识中国是世界上最早发明纸的国家，向孩子介绍纸张发明的过程，引导孩子节约用纸。

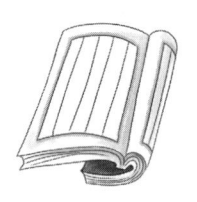

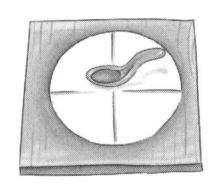

⊙ 指南针。指南针是用来判别方位的一种仪器，最早出现于战国时期。可以让孩子通过闭上眼睛走路这种方式，体会指南针在生活中发挥的重要价值。

⊙ 活字印刷术。活字印刷术的出现，是印刷史上一次伟大的技术革命。让孩子了解到我们今天看到的书和文字都得益于印刷技术的出现。另外还可以让孩子用橡皮、胡萝卜等自制一枚印章，体验印刷术的神奇效果。

⊙ 火药。让孩子了解到火药发明的有趣过程，古人发明它可不是为了打仗，而是炼丹制药。

● **从生活中了解中国文化**

身处中国文化之中，处处都是带孩子认识我们的国家和民族的契机。希望下面的这些方式可以给你更多的启发。

⊙ 诗里的中国。在和孩子一起欣赏古诗词的过程中，多去理解诗词，就会看到诗词中有美丽的中国。而有着广袤土地的中国的不同地方有着不同的风情，即使是同一个地方，在不同的季节也有不同的风景。比如既有"烟花三月下扬州"的江南美景，也有"大漠孤烟直"的西北壮阔；"晓看红湿处，花重锦官城"与"窗含西岭千秋雪"描写的是中国的同一个城市成都的不同季节的风景。

⊙ 菜市场里的中国。天天都要吃的水果、蔬菜是和孩子一起认知、了解中华民族大家庭的一个直观窗口。带孩子去菜市场买水果的时候，可以让孩子注意看水果的产地，比如有新疆的哈密瓜、广东的荔枝、福建的柚子等。其实蔬菜也有很多"标签"，比如有上海青、山东大葱、四川新笋，可以让孩子想想为什么这些地方盛产这些水果、蔬菜，借此机会和孩子了解更多的中国地理知识。

⊙ 动物园里的中国。动物园是这个年龄段的孩子很喜欢去的地方，在孩子开心地看动物的同时，我们也可以通过介绍动物的来源地以及当地独特的环境条件等方式，让孩子更了解我们的国家，比如大熊猫更适合居住在中国的什么地方；金丝猴虽然都长得很像，但却有滇金丝猴、川金丝猴、黔金丝猴之分，来自中国的不同省份；为什么中国的北方没有大象……回家后，还可以和孩子一起画出动物的图画并剪下来，贴在中国地图上，帮助孩子从自己喜爱的动物角度更加了解中国。

初步了解法律

法治社会，让孩子尽早了解法律、法规，尽早知道要懂法、守法，不是锦上添花，而是必修课。

● **通过家庭规则让孩子了解守法**

进一步强调家庭规则，让孩子有较强的规则意识，比如回家进门后要主动跟大人打招呼，吃饭时不能看电视和电子产品，不许说脏话等。法律、法规意识的培养其实就是家庭内部规则教育逐渐外化为对社会规则的尊重和遵守。

● **在规则讨论中让孩子理解立法的意义**

可以经常和孩子就家庭规则、幼儿园规则进行探讨，让孩子理解规则制定的目的是让家庭更好，让幼儿园的集体更好。

● **做小小普法员**

经常和孩子讲一些他能理解并听懂的法律、法规：上街要遵守交通规则，行人、车辆各行其道；任何人都不能在幼儿园的教室里抽烟……让孩子再去把他知道的告诉爷爷奶奶或者其他小伙伴，成为小小普法员。这也能督促父母和孩子一起学法、懂法。

● **在日常生活中有意识地找"法"**

在绘本故事或者动画片中，看到有关法律、法规的话题，及时告诉孩子这就是法律，将权利、民主、公平等和法律有关的概念潜移默化地灌输进孩子的小脑瓜里，让他感受到法律与规则的重要性，多思考公平和正义的真谛。

法律、法宝、约法三章、加减法、方法……孩子在生活中会遇到很多和"法"有关的词汇和句子，可以和孩子讨论哪些带"法"字的词或句子与法律、法规有关，这个词有哪些含义，这既能增长知识，又能进一步了解"法"的来源。

思考科技发展与环保的关系

环保与孩子息息相关，他必须成为环境的守卫者，才能为自己赢得更好的未来。

● 废弃电器、电子产品该去哪儿？

手机、平板电脑、洗衣机、空调、电脑以及带有声、光、电的玩具，这些有科技含量的物品现在几乎在每个家庭中都有，而且随着生活条件的不断提升，这些电器、电子产品的更新迭代也很频繁。如果家里有电器或电子产品损坏了，或者想更换新的，可以和孩子一起讨论，查找相关信息来了解该如何处理它们。比如，有些经维修后可以继续使用，有些可以送给需要的人，有些可以在换新时被回收等。还可以告诉孩子，回收之后的电器、电子产品可以通过拆解，从中提取物质作为原材料或者燃料，用改变废弃电器、电子产品物理、化学特性的方法减少已产生的废弃物数量，减少或者消除其危害成分，以及将其最终置于符合环境保护要求的填埋场。

● 消失的动物和植物

孩子都喜欢动植物，可以借一些机会引导孩子关注已经消失的物种，从而引起他们对现代社会发展与环保之间的联系的思考。比如长江白鲟，就是在2019年被宣布灭绝的；著名绘本《苏丹的犀角》讲的就是世界上最后一头北白犀苏丹的故事，2018年，人们目睹了这个物种的灭绝。

但是，2020年以来，也有消失很多年的生物重现的新闻，比如我国在2020年5月的时候，就发现了在之前被宣布野外灭绝的植物——枯鲁杜鹃。

物种消失和重现的原因很复杂，可以和孩子一起猜测、讨论，再一同去查找资料。在这个过程中，孩子会越来越关注物种与环境的关系，人类生存与环境及其他物种之间的关系，思考如何能更好地保护物种，平衡科技发展、现代社会发展与环境保护、物种保护之间的关系。

● 坏天气是怎么来的？

雾霾、沙尘暴、高温、暴雨、暴雪……坏天气经常有，我们的生活并不是永远风和日丽、天高云淡。当遇到坏天气，和孩子待在安全的家里时，不妨也带孩子多观察外面的天气，并和他一起查一查出现这种情况的原因是什么。比如盛夏时城市局地的暴雨，有可能就是高楼林立造成空气循环不畅，加之建筑物空调、汽车尾气加重了热量的超常排放，使城市上空形成热气流并越积越厚，与空中悬浮颗粒物、暖湿气流凝结而形成的；有研究结果显示，北京地区的PM2.5有6个重要来源，分别是二次无机气溶胶、工业污染、燃煤、土壤尘、生物质燃烧、汽车尾气与垃圾焚烧。

了解到这些情况之后，重点在于和孩子讨论可以通过哪些行为改善现状，比如少开空调，选择绿色出行，改造污染严重的工厂，把焚烧落叶改为自然腐化或做堆肥处理等。

家教小案例

爱发脾气

文｜延沐

琦琦妈："前两天，老师又把我叫去幼儿园了，孩子和小朋友吵架，还咬人了。他平时在家也性子急，没耐心，要个什么东西就必须马上拿到，否则就大声哭闹。我们都愁死了。"这种情况该怎么办？

● **5种原因易导致孩子爱发脾气**

孩子脾气急，可能有很多原因，但一般而言，不外乎如下5种。

⊙ 先天气质类型使然。这里的气质类型是一个心理学术语，指的是孩子与生俱来的心理活动典型特征，它是人格的先天基础。如果孩子是性情相对急躁的气质类型，就比一般孩子更容易发脾气。

⊙ 后天习得。如果家里人相互交流时常常粗声大气，甚至经常吵架，那么孩子在成长过程中就容易获得一种意识：发脾气是一种沟通方式。久而久之，就容易内化成自己的行为模式了。

⊙ 语言沟通受阻。如果孩子的语言能力发展尚不充分，遇事很难精确表达自己的意思，经常被其他小朋友误解和拒绝，就容易因为受挫而生气。这是孩子的自然反应，无须担心。

⊙ 教养方式强化。日常教养过程中，如果孩子需求受阻时，一发脾气父母就急于过来满足，则孩子就会发现，发脾气是可以让他受益的，于是，发脾气的习惯就被这个后果强化了。

⊙ 突发事件唤起。如果孩子原本不是那么容易发脾气，近期突然变得容易发脾气了，就要考虑孩子生活中是否遇到了什么突发事件。比如在幼儿园遇到了不开心的事情，身体不舒服，家庭出现了影响孩子心情的矛盾等。这类事件虽然在成人看来没有什么大不了的，却可能令孩子身心不舒服而烦躁。

● 对症下药，5个妙招让孩子不爱发脾气

⊙ 接纳，给孩子一个平静的心境。如果孩子发脾气是先天气质类型所致，父母的接纳更容易让孩子感觉到爱的包容与支撑，进而得到更多情感的满足，而一个情感需求得到满足的孩子，他的内心是平静的、不容易发脾气的。

⊙ 父母平时为孩子做表率。孩子是父母的一面镜子，遇事心平气和，处理问题冷静理智，孩子才能开朗阳光而不无理取闹。如果父母爱发脾气，孩子也会有样学样。由于脾气、性格是长期养成的，要改起来难度很大，但为了给孩子创造一个温馨祥和的家庭氛围，我们必须努力控制自己。

⊙ 引导孩子理性表达情绪。对一些性格外向、性情刚烈的孩子，强压着不让其发脾气的做法是错误的，一是不可能，二是没必要。其实，这个年龄段的孩子的反抗是无意识的，他们开始渴望在精神上体验自我做主的感觉。

【5~6岁】

或许在我们成年人看来，孩子发脾气是一场无趣、无聊、没有收获的闹剧，但这个过程对孩子来说却是十分重要的。我们要允许孩子表达情绪，但可以在这个过程中加以引导，给孩子示范一些理性的表达方式，比如直接告诉对方"我不喜欢你这样做""你的行为让我很愤怒"等，或者引导孩子在户外运动中宣泄自己的情绪，或者把情绪画在纸面上，哪怕是胡乱地画一些线条，也会有一定的治愈效果。

⊙ 尝试延迟满足。对于爱发脾气的孩子，父母可尝试延迟满足。习惯了在期待中获得满足的孩子，能学会主动控制自己的情绪，不会为自己的要求被拒绝或暂时被拒绝而痛苦。父母在训练孩子的延迟满足时，可以有意识地让孩子等待，但最初的延迟时间不要过长，否则会让孩子灰心丧气。如果获得成功，就要遵循小步递进的原则，时间由短到长，逐步增加。在训练的过程中，可采用代币法、转移注意力法等来帮助孩子学会等待。

⊙ 排除身心方面引发脾气的诱因。如果孩子发脾气是突发事件所致，父母就不能把注意力放在孩子的脾气上，认真处理引发孩子情绪的突发事件才是治本之策。比如，如果孩子发脾气是由于近期在幼儿园的不开心经历造成的，父母应该就这件事做好家园沟通工作；如果孩子发脾气是由于最近父母吵架了，孩子因为担心父母离婚才变得焦躁不安，父母就要当着孩子的面和好，并就自己不当的家庭冲突处理方式跟孩子道歉，让孩子确认父母不会离开他等。如果孩子发脾气是因为生理性的不适，就及时带孩子治疗。孩子的心结或生理的不适解除了，情绪就更容易平稳下来，发脾气自然没有了心理基础。

● 温馨提示：孩子发脾气，父母要冷处理

面对孩子发脾气，如果采取打骂等方式，不仅会引起孩子情绪上更强烈的反抗，而且表明父母同样也是不理智的。相反，冷处理恰恰是以冷静、理智来对待孩子的情绪化表现，只要父母坚持得合理就不要放弃。对于孩子的乱发脾气，简单的办法是让孩子单独在房间里短暂隔离，让他有时间冷静下来重新考虑下一步怎么办。如此反复几次，孩子就会感到自己发脾气、哭闹都毫无意义，慢慢地就不再乱发脾气了。

同时，注意对孩子改变之后的行为要给予表扬，在建立适应性行为的过程中，积极的肯定和鼓励都有强化的作用。

总是那么急

文 | 郭丽华

搭积木的时候，孩子总想快速搭高，可偏偏越快越不稳，每次搭建到一半积木就倒了；一起聊天的时候，孩子总是不等别人说完就插话……

虽然生活节奏很快，但养个火急火燎的孩子真不是父母的初衷。可不知为何，长着长着，孩子就成了小急性子！

● 为何总是着急？

⊙ 过分呵护。孩子渴了，妈妈就递来水杯；起床时，孩子只需要一伸胳膊，妈妈已经把衣服举到位。慢慢地，孩子习惯了只要自己有需求，旁边就一定有人帮助完成，并且速度要比自己亲力亲为快得多。如此下来，他真的是不需要有耐心啊。当遇到需求不能及时满足或者受挫时，他当然是不能接受的，表现出来的就是急躁、大叫。

⊙ 父母也是急性子。如果孩子表现出急躁的情绪，父母在生气、着急的同时，不妨冷静地看看自己在日常生活中是怎样的表现。是不是由于上班压力大，回家时间紧，不经意地表现出了急躁的那一面，久而久之，孩子就从最初好奇地模仿到成为一种行为习惯了。

⊙ 就是独特的小"急猴儿"。每个孩子的气质生来就不同，有的孩子慢悠悠，好像从来不知道着急是何物；有的孩子却从小就是急性子，看见奶瓶就迫不及待地大口吞咽，长大了吃饭快、走路快，干什么都快。

● **淡定孩子养成记**

⊙ 专注游戏来帮忙。父母带孩子做些培养专注力的小游戏，例如"找不同""拼图""穿珠子""找迷宫"等，这些游戏既有趣，又需要专注力，孩子在接受一个一个的挑战时，也是在磨炼耐心。

⊙ 电子产品要控制。还孩子一个清静的生活环境，电动玩具、电视、电脑不要总处于打开的状态，运动类游戏玩累了时，陪孩子一起看看书，讲讲家常趣事，那个时刻，你会觉得原来慢下来自己也很受用呢。

⊙ 挫折教育要跟上。在回答孩子提出的问题时，试试不用简单的"对"或"错"，而是让孩子自己先想一想，或是让他感受一下自己没能做到的小小打击。当他为自己没能完成一件事情而沮丧时，父母要及时鼓励他，让他重新想办法做到更好。慢慢地，孩子会改变遇到事情就要答案的思维模式，尝试自己思考以及自己动手。这样，着急、乱发脾气的情况会随之变少。

不爱学习

文 | 郭丽华

都快上小学了，孩子还成天只知道疯玩，从不主动学习，看书、数数都需要别人逼着去做，这样如何适应将来的小学生活？

● **为什么不能主动学习？**

⊙ 孩子觉得学习是父母给的任务。如果孩子所学习的内容在开始时没有激发他的兴趣，而是父母过于成人化地带入，孩子会觉得那不是他的选择，那是一件没意思的任务，是爸爸妈妈让他去做的。即使学习内容不是那么无趣，但过于成人化的学习形式以及爸爸妈妈的催促，都会让孩子感到这不是自己喜欢的事情，做起来也不会有主动性。

⊙ 总是在枯燥地重复。刚刚开始学习，都要从最基本的学起，为了能打好基本功，还需要重复刚学到的基本内容，如此一来，学习在孩子眼中实在是一件既没有意思又需要不断重复的事情。

⊙ 管不住自己。孩子控制力弱，玩起来就会兴奋，常常会忘记接下来要完成的学习内容，这是在所有孩子身上都会发生的情况。但到了学习时间，父母必须终止他开心的玩耍活动，那时孩子的心里一定会对学习充满反感。

● 掌握特征，应对有方

⊙ 学习欲望要激发。带孩子去科技馆、博物馆或动物园，并允许他在自己感兴趣的东西上多放些时间，当他仔细观察时才能够形成问题，然后提出问题，激发出找寻和获得答案的热情。当孩子在感兴趣的事物上停留时，父母也可以试着发现一下，让孩子觉得父母和他有相同的爱好，更容易多讨论问题。当形成这样自由、有趣的探索环境时，孩子想去找到答案的积极性自然就会上来。

⊙ 让学习变得有趣也有用。学习其实有很宽的范畴，绝不仅仅只有掌握知识才是学习。孩子更容易接纳学习一些生活技能或通过学习提高自己某一项的玩耍本领，父母也可以先创造这样的机会，让他有学习的意识。比如让孩子在吃饭前给大家分发碗筷；去超市买东西前，先做计划，列出购物清单；给比自己年龄小的朋友讲个故事。或者父母可以表扬孩子近期琴弹得有进步，很认真地请他给全家人弹一首曲子……建立孩子与学习的亲切关系，让他自己感觉到这些都是通过学习才能掌握的小本领。

⊙ 小小计划做起来。自我管理是一个很长期的事情，也是需要从小为孩子培养起来的好习惯。和他一起做个可施行的计划表，并且不断通过实践来让这个计划更贴近孩子的日常生活。最初的几个月里可以提醒、询问,并且给予奖励,以此来帮助孩子坚持下来。

从不主动练习

文|梓舍

从开始时的兴趣高涨,到后来在家从不主动练习,对待兴趣班的态度,孩子的变化为何如此之快?

开始报兴趣班时,乐乐看见什么都想学,画画、舞蹈、轮滑、钢琴……乐乐妈忙不迭地为他报了各种兴趣班。俗话说,"艺多不压身",多学点才艺,总不会有坏处,父母也希望能从中发现孩子的天赋,好重点培养。可是,很快乐乐妈就发现,乐乐从兴趣班回来之后,在家从不主动练习。难道他的这些兴趣只是短时间的好奇?或是在枯燥的学习中渐渐丧失了兴趣?

● **被迫选择的兴趣课**

3~6岁的孩子在初次接触新鲜事物时,都会表现得非常有兴趣。父母看他兴奋得两眼发光要学习钢琴,就会误以为这是他一生的爱好,是天赋萌发的表现。其实,孩子的兴奋中更多的是好奇,他们并不知道这是自己能够坚持的行当,或者是符合自身特点的、能够驾驭的技艺。比如有的孩子天生五音不全,却被父母安排学小提琴,学习过程的痛苦可想而知,但小小的他只能意会不能言传。学不好或不适合自己,回到家里,他当然就不喜欢练习了。

● **老师的教学太枯燥**

对于初学者而言,启蒙老师是非常重要的。老师的教育方式和性格脾气是孩子能否将兴趣班坚持下去的关键因素,可现在兴趣班的老师们素质良莠不齐,有的老师非常严厉苛刻,对幼小的孩子缺乏耐性,不仅不能做到循循善诱，甚至有拔苗助长之嫌，使得原本对舞蹈有兴趣的孩子再也不喜欢跳舞了，或原本有音乐天赋的孩子从此不再喜欢弹钢琴。如果遇到这样的老师，孩子回到家里也一定是不喜欢练习的。

● 没有目标

兴趣班的学习是一个漫长的过程，如果能够坚持下来，一门乐器就有可能从上幼儿园学到上大学。这个仿佛看不到尽头的目标，会让很多孩子和父母坚持不下去。初学者可能会把未来走专业路线定位为目标，可当逐渐看清楚这是一条充满荆棘的道路时，靠什么来支撑这个漫长的学习过程？有的老师会在学习过程中积极地为孩子制定各种兴趣班学习的小目标，希望孩子在实现这些小目标中找到自信和成就感。但如果孩子没有这些目标，很容易就会感到乏味、厌倦。因此，在孩子学习的过程中，父母要帮助孩子寻找或制定各种学习目标，目标不宜大，小的目标更容易实现，比如新年时为全家人表演一个节目。这会让孩子找到坚持下去的动力，这样，他在家才会主动练习。

● 兴趣班太多，疲于奔命

虽然说"艺多不压身"，但一个人的时间是有限的，更何况是一个3~6岁的孩子？有的父母为孩子一口气报三四个兴趣班，把孩子的业余时间安排得满满当当，他们恨不得在孩子身上挖掘出贝多芬、达·芬奇、姚明的天赋来。如果报了太多兴趣班，孩子疲于奔命，没有一点玩的时间，他回到家里肯定是不会主动练习的。试问各位父母，你在单位工作量饱和，非常累，回到家里，还想继续工作吗？

● 不会管理时间

管理时间是需要学习的。孩子太小，还没有时间概念，可能他本想着要练一会儿钢琴，但玩着玩着就忘记了时间。因此，父母要帮助他学会安排和管理时间。最好的办法是每天固定练习时间,父母要在那个时间段提醒孩子。如果孩子正玩得欢畅,就提前10分钟提醒他。如此坚持下来,主动练习的习惯就会养成。

● **最好的老师是父母**

刚开始参加兴趣班学习时,由于孩子太小,老师会让父母陪着孩子听课,帮助孩子记下课堂笔记,然后回家辅导孩子。因此可以说,一开始不是孩子在学,而是父母在学。有的父母很会引导,抱着和孩子一起学习的心态,一起练习效果就会好。有一位妈妈,儿子在学小提琴,她也买一把一起学。在家里,儿子练琴时,她也一起拉。新年家庭聚会时,她还和儿子同台演奏了一曲。有这样的妈妈,孩子在家里肯定会主动练习的。

● **压力大不能放松学**

孩子最开始参加一个兴趣班学习,可能真的很有兴趣。小小的他懵懂地感受到艺术的美,但在学习过程中,老师要求过高,让他害怕达不到老师的要求;老师过分强调考级,重点强调的不再是艺术之美……有了这些学习压力之后,孩子就无法放松学习。如再遇到总爱唠叨兴趣班花了多少钱、学不好会如何的父母,就更容易使得孩子心生反感,甚至产生逃避的想法。这样的情况下,孩子回到家怎么可能还会主动练习呢。

坚持做一件事很难,我们在成长的过程中放弃过太多太多,孩子也是如此。我们不能要求他像一个圣人,万事完美。在选择一个兴趣班的时候,父母可能要先问问自己,能否坚定目标,能否在孩子练习的时候放下手机、电脑、电视,坚持陪伴。再者,孩子在练习的时候,父母永远要学会做一个忠实的观众,而不是指手画脚的挑剔者,只有这样,孩子才能在家里主动练习。

注意力不集中

文 | 寇丽娟

给孩子讲故事,不到两分钟,他就坐不住了;跟他说话,他总是漫不经心、东张西望的。怎么才能让他专心一点呢?

● **活动太枯燥**

孩子的注意力保持的时间都不长,5~7岁的孩子专注于一件事情上的时间大约只有15~20分钟。但对于他自己感兴趣的事情就不同了,比如看有趣的动画片,孩子可能持续看一个多小时还意犹未尽。所以,如果孩子频频地更换活动内容,很可能是他觉得这个活动一点意思也没有,丝毫不能吸引他。

要注意观察孩子,发现他的兴趣所在,然后以游戏的方式开展各种活动。只要让活动本身充满趣味,孩子就能持续更长的时间。比如,讲故事的时候,父母可以变化语调,配合夸张的表情,甚至可以和孩子一起扮演故事中的角色。这些方法都可以延长孩子注意力集中的时间。

● **干扰太多**

突然发出的声音、周围人不停地走来走去,都很容易打断孩子正在进行的活动。吃饭的时候,如果开着电视,孩子就会因为看电视而忘记吃饭等。周围环境的刺激太多,或者颜色刺眼、声音嘈杂,都会导致孩子注意力不集中。

清除环境中可能分散孩子注意力的事物,让孩子能够安心做事。比如,当孩子看图画书时,最好到一个没有玩具的房间里去,同时把电视关掉。孩子专心玩玩具的时候,不要和他说一些不相干的话等。

● **缺乏一点方法**

对于年幼的孩子来说,有目的地去做一件事情确实有点困难。他们常常

【5~6岁】

不知道该怎样应付同伴的打扰,也很难抵御突然出现的新奇事物的诱惑。

可以教给孩子一些简单的方法,帮助他抵御外在的干扰。比如,搭积木的时候,把椅子挪开,离同伴远一些,以防刚搭好的积木被人不小心碰倒;看图画书的时候,用手指着读。父母平时可以选购一些有利于孩子集中注意力的玩具,如拼图和棋类玩具等。

● **疲劳或情绪不佳**

孩子生病,睡眠不好,或者受了一些小挫折,都可能会表现出无精打采的样子,自然也很难集中注意力了。

要帮助孩子养成规律的作息习惯,保证他能按时起床、吃饭、睡觉等。同时,还应鼓励孩子多到户外进行体育活动,增强体质,为大脑输入更多的氧分,这样可以为注意力的发展奠定良好的生理基础。如果孩子的情绪有些低落,要注意观察他的情绪变化,及时了解原因,尽快帮助孩子度过情绪的低落期。

拒绝电子保姆

文 | 赵红梅

聪聪从几个月大就开始玩手机,妈妈只要忙不过来时就用手机放儿歌给他听。现在聪聪已经3岁多,每天见到妈妈后第一件事情就是要手机,一玩就是一个多小时。为了满足聪聪的兴趣,妈妈又买了平板电脑让他学英语。妈妈发现,聪聪从里面学会了很多新东西,手指也更加灵活。有时妈妈在想,用电子产品陪伴孩子蛮省心的。

很多父母都会困惑,孩子可以玩电子产品吗?如果可以,玩多长时间合适?如果不可以,为什么市场上设计出这么多电子类的早教产品?如果孩子特别喜欢玩电子产品,要不要管?

● **用电子产品代替陪伴，危害多**

电子产品可以作为早教工具，但却不能替代早教本身。虽然从表面和短期效果来看，孩子能够通过电子产品学到很多东西，而且兴趣浓厚，但是，从更深层、更长远的角度来看，过度依赖电子产品的危害远远大于它的益处。

☉ 丧失思考能力。过早专注于图示化的电子产品，可能会对孩子日后的文字学习造成困难。因为电子屏幕上的信息瞬息万变，触屏式的操作较快，往往孩子还来不及想一想，接收的信息还没有被"消化"，就进入下一个画面，时间长了，孩子会懒得去思考问题，可能会失去思考的能力。

☉ 出现交流障碍。孩子在3岁之后进入语言迅速发展的时期，使用电子产品这种"人机交流"的方式，削弱了孩子和其他人面对面沟通的能力，易导致语言发育迟缓。如果孩子长期处于电子屏幕的刺激中，那么他面对真实世界的能力会减弱，在与人的交流过程中出现障碍，甚至变得胆小怯懦，语言沟通和表达能力下降。

☉ 缺乏真实感受。电子产品多是平面的二维图像，可能会让孩子缺失了视觉以外其他感官实践的机会，比如触觉、味觉、嗅觉等。电子屏幕里面的动物很可爱，但是绝对没有大自然中的小动物有触感和空间感。再如中国传统的七巧板，可以锻炼孩子的空间智能和抽象思维能力，但是通过屏幕触摸与真正拿起七巧板拼插，仍然有很大的差异。

☉ 个性暴躁冲动。由于电子游戏总是使孩子得到即时的快乐和满足，如果失败就可以马上重新再来，长此以往，会导致孩子对所有的事情和人都明显没有耐心，容易暴躁冲动，很难坚韧、执着地去做一件事情。如孩子上学后，很难为了一个目标而忍受眼下的枯燥学习。

● **4招帮孩子远离电子产品的诱惑**

电子产品很容易让人上瘾，当孩子的生活已经呈"电子化"状态时，你可可以尝试用以下方法帮他远离电子产品的诱惑。

⊙ 转移注意力，丰富生活内容。找一个比电子产品更好的东西推荐给孩子，去看儿童剧、和小朋友一起玩等，让他们知道还有很多事物和游戏比电脑或手机更有趣才是解决之道。

父母要尽己所能地为孩子创设丰富的生活环境，分散孩子对电子产品的注意力。如在小区里联合同龄的孩子帮助孩子发展好友关系，经常一起外出游玩或做游戏，让他从电子游戏中走出来。

⊙ 制定规则，培养自控能力。对于玩电子产品已经上瘾的孩子，父母不能强行没收电子产品，这样容易造成亲子矛盾。不妨与孩子商量，制定规则，约定时间，这样才能让孩子自愿接受，从而让孩子形成自然而然的约束感，让好习惯成为孩子自律的一部分。

如果孩子一旦超过事先约定的时间，则明确告知他要从下次玩耍的时间里扣除或者拒绝他下次玩耍的要求。对于较小的孩子，自控力比较弱，可在其玩耍时，及时提醒时间，如"还剩下几分钟就到时间了"，让孩子在心理上做好准备。

⊙ 以身作则，降低孩子的欲望。作为父母，自己的生活方式要丰富和健康。孩子的生活方式是环境的产物，如果和孩子生活在一起的成人过分迷恋电子产品所提供的虚幻世界，那么孩子受其影响也是必然的。

所以，父母应该以身作则，不当着孩子的面玩电子产品，为孩子树立榜样。尽量减少家里的电子产品数量或很好地将它们隐藏起来，不让孩子看到，降低孩子玩电子产品的欲望。

⊙ 拒绝交易，不用奖励刺激孩子。一定不要把电子产品作为"交易筹码"，比如"吃完饭就给你玩""好好睡觉，起床后就给你玩"之类的。

父母不应该用玩电子游戏这样的奖励来激发孩子去做本来就应该做

事情。

经常用这种交易的手段来刺激孩子,会使孩子逐渐产生做某件事情的目的是得到玩电子产品这一奖励的错误认识。这种观念一旦形成,孩子将不会再从自身产生强烈的动力去完成某件事情,而完全依赖对奖励的欲望。

☆ **小提醒**

每个年龄段的孩子,都有不同的学习需要,而知识的学习要以身体的发展为基础。所以,利用电子产品进行学习不是完全不行,而是不能让它占据孩子大量的时间。在使用电子产品时,需要严格控制时间,并针对各个年龄段的孩子安排适合他们的游戏和学习的方法:0~3岁,最好不接触电子产品,但可以偶尔给孩子看自己和家人的照片或者视频;3~6岁,少接触电子产品,可以隔天玩一次,每次时间控制在15~20分钟为宜。

智慧做父母

给自己找个探究课题

父母保持对万事万物的好奇心,是引导孩子学习探究、学会探究的第一步。

● **植物找不同,观察式探究**

买两盆一样品种、一样大小的多肉植物或其他绿植,或者是在两个容器中种下同一种种子,然后观察它们的生长,和孩子一起用画图或拍照的形式每周记录,说说它们有什么相同,有什么不同。还可以给它们设置不同的环境,比如一盆放在阳台,一盆放在比较阴凉的房间,看看它们的生长有何不同。

● **月亮在哪里? 延展性探究**

每天晚上或者每隔几天的晚上,和孩子抬头找一找月亮,记下它在天空中的位置和样子,以及周围的星星情况。这是一个很好的课题研究,可以从这种简单的观察出发,研究月亮之所以出现变化的原因、对什么有影响、与地球等其他星球的关系等,逐渐了解一些天文学知识和天体物理知识。

- 小动物的行踪，追踪式探究

和孩子一起寻找自己家周围的一些小动物，比如鸟类，先搞清楚它们的名字，记录是在什么时间段发现它们的，再去查阅一下它们有哪些习性和爱好，看看能否根据它们的习性找到更容易看到它们的方法，最后去思考它们的生存现状和自己所在的城市发展之间的关系，还可以预估一下城市的发展情况是会让它们消失还是会变得更多。

- 谁是下班最晚的人？假设式探究

先和孩子假设一个排序，比如下班时间从早到晚的次序是幼儿园老师、公司员工、超市收银员、警察、公交车司机、机场工作人员……然后和孩子找一些身边相关行业的人进行访谈、调查研究以及实地观察，看一看他们具体工作到几点，来验证自己的假设是不是正确。这不仅是一种探究方法的学习和尝试，也能引发孩子对一些平时习以为常的事情的思考，以及培养用更多方法去验证自己思考结果的意识。

和孩子做好朋友

和孩子做朋友，是育儿的精髓之一，却也是很多父母的难题。如何和孩子做好朋友呢？

- 认可孩子是独立个体

认可孩子是独立个体，这点是最难的，也是能否和孩子做朋友的关键。孩子有自己的见解和主张，即便和自己相悖，也应充分尊重。比如，孩子要观察蚂蚁，妈妈却要孩子练琴，在妈妈的眼里，练琴才有价值，可是在孩子纯真的眼里，当下观察蚂蚁是最有意思的事情。父母只有放弃自认为比孩子高深的想法，才会尊重孩子的做法，而不是迁就。

很多父母并不认可这点，"一个小屁孩，他懂啥呀？"一旦父母是这种心态，即便非常注意民主形式、注意带孩子参加各种活动，孩子内心依然对父母非常敬畏，难以敞开心扉，又怎么做朋友呢？

● **帮孩子解决成长中的烦恼**

父母做有心人，用心观察孩子，了解孩子的问题，并能帮孩子有效解决，孩子和父母的关系就会很"铁"。很多父母工作很忙，只关心孩子的学习，这是不够的。

比如，孩子非常想交朋友，可是他不知道怎么做，父母就可以请小朋友来做客，准备零食、玩具和小礼品，孩子们很快就玩熟了。再比如，某个大孩子喜欢欺负小朋友，父母可以去做个家访，送一些礼物和书籍，夸夸大孩子聪明又勇敢，这样大孩子很可能会转而照顾自家孩子。

● **陪伴孩子走出情绪低谷**

人生不可能一帆风顺，孩子也会遇到一些伤心事，陪伴孩子走出情绪低谷，对孩子形成健康、理性的心理非常重要，也是成为孩子好朋友的诀窍之一。

比如，小狗死了，孩子很伤心。父母如果说："没事，我们再给你买一条。"孩子听了会更难过，因为他的小狗是独一无二的，再买是不一样的。可以抱抱孩子说："我们理解你的伤心，小狗有你这样的小主人真幸福。你准备一下小狗的照片和狗粮，明天我们陪你去山里把小狗好好安葬。"这样，孩子会觉得父母最可信赖，愿意和父母心贴心。

> **小提醒**
>
> 和孩子交朋友，父母如果没有掌握好度，过分迁就和娇惯，很容易导致孩子缺乏教养，不懂得遵守规则。因此，和孩子交朋友，不要处处顺着孩子，而是应该在孩子犯错时给予指正，在孩子取得成就时给予鼓励，帮助孩子养成正确的三观，让他身心健康地成长。

放眼看天下

少年儿童是未来的主人，不让孩子早点看到更多的事物、更大的世界，有更多的思考，他将如何"统领天下"呢？

● 习惯"连连看"

养成每天和孩子一起关注新闻并进行讨论的习惯，多启发孩子去想新闻与自己生活的关系。比如看到国家领导人出访或者是国家有重要的会议要召开，可以主动和孩子聊一聊这些大事里，有哪些部分是和我们国家的发展息息相关的，而国家的发展又和每一个家庭分不开。时间长了，孩子会养成把时事新闻与自身的生活进行联系的习惯，也会更加关心社会的变化、国家的发展，更有责任心和担当意识。

● 习惯"多找找"

想让孩子的视野更开阔、思维更灵活，父母自己也不要固化和局限。遇到不确定的话题或感兴趣的话题时，多和孩子讨论，认真听听孩子的想法，有时候会很受启发，因为孩子的看法可能更直接、更纯粹。对任何事情都不急于下结论，可以带着孩子多找一找资料，除了在网络上找资料之外，还可以找找相关的书籍和文献资料进行学习，在这个过程中培养孩子多方求证的习惯和能力。

对于大家都在议论的一些还没有定论的话题，孩子也会听到或关注到，这时候可以引导孩子从多个角度去想一想，尤其是可以站在和大多数人言论不同的角度去想，这可以培养孩子的思辨能力、质疑能力、逆向思维能力，不固化对一件事的看法和想法。

● 习惯"多走走"

有机会应该多带孩子进行各种体验，除了去孩子喜欢的游乐园外，也要安排带他参观博物馆、美术馆、科技馆,听音乐会、戏曲、歌剧等。也可以带孩子去不同的地方旅行,比如现代化都市、乡村古镇、名山大川、历史古迹、森林湖泊,都可以有计划地走一走,让他既能感受到历史的深邃壮观,也能了解到现代科学技术和大自然的不可思议。也许孩子对见到的、体验到的事物不一定有直接的反应,有可能好像什么也没记住,但这些丰富的阅历都会成为他感知世界的一部分,用以扩展自己生命的宽度和高度。

带孩子做入学准备

入学,是孩子成长的里程碑,自此,孩子将告别幼儿时代,成为一名小学生了。小学生活和幼儿生活有很大的区别,父母带孩子做好幼小衔接,对孩子快速适应小学生活非常重要。

● **激发兴趣很重要**

有些父母爱跟孩子开玩笑,说"上小学就要受苦了",这非常不妥。一句无聊的玩笑,可能会带给孩子心理阴影。父母要说的应该是鼓励的话语,比如"宝贝真的长大了""越来越像个小学生了"。还可以给孩子讲讲航天科技,讲讲人工智能,讲讲疫苗发展,告诉孩子这些都是科学家们研发的,而所有的科学家,都是从小学生起步的,只要孩子愿意努力,完全有可能成为下一个科学家。

● **培养习惯很重要**

很多父母非常重视知识点的学习,但从根本上来说,培养习惯重要得多。

其一是生活习惯,现阶段重点是培养生活自理能力,让孩子学会照顾自己,并记住父母的电话、家庭地址等,遇到困难,学会求助。

其二是学习习惯,要让孩子先做作业再玩,做作业前要先复习,然后趁热打铁做题，既快又对。孩子做作业时，父母不要打扰。不少父母喜欢给孩子讲题，这不好，孩子上中学后，父母还能讲题吗？孩子做完作业后，时间可以自由支配。

● **必要的准备很重要**

给孩子准备新书包、新文具、新水杯；带孩子认识一两个即将同班的新同学，并邀请他们来家里做客；尝试联系老师，告知孩子的情况，让老师心中有数；在家里演练发言，让孩子敢于在课堂上举手发言，且条理清晰；带孩子熟悉一下去学校的路线，告诉孩子会准时接送他。

小提醒

刚入学时，父母尽量多与孩子交流入学感受，比如以轻松、愉快的口吻聊相关话题，引发孩子谈论入学后的内心体验和感受，多耐心地倾听他述说学校生活和学习中的困惑等。同时，要及时关注孩子的情绪变化，接纳和理解孩子的受挫，对孩子的学业期望要合理。面对新征程，父母对孩子一定要做到鼓励再鼓励。

【5~6岁】

让家对孩子更友好

温馨的家庭聚会

- **主题家庭小聚会**

可以根据孩子的兴趣或家庭的具体情况,按周、按月或者按季节设置不同的主题,安排家庭聚会,可以是和祖父母的聚会,也可以是和家族里孩子年龄差不多的家庭聚会。比如孩子在某一个阶段特别喜欢海洋,那么就可以安排海洋主题家庭日——和祖父母一起去海洋馆参观;和家族里其他家庭组织一次观看海洋题材纪录片的下午茶聚会。

- **大家庭节日聚会**

清明节、端午节、中秋节、国庆节、春节、元宵节,这几个有代表性的中国节日是家族聚会的好机会,可以安排和节日有关的活动,比如清明节时一起给故去的亲人扫墓,端午节时一起包粽子,中秋节时一起赏月等。也可以根据季节寻找其他机会,安排大家族的聚会,比如春天一起放风筝,夏天一起去海边戏水,秋天一起爬山观秋叶,冬天一起泡温泉赏雪。这样的聚会既是连接孩子与大家族亲人之间情感的契机,其实也是在为平凡的生活增添惊喜,让孩子感受到,生活是可以如此丰富多彩、可爱有趣的。

> **小提醒**
> 在家庭聚会中,亲人们在一起很热闹,所以一定要注意孩子的安全,必须要时刻关注孩子的举动,避免安全隐患,不要因为过于开心、放松而忽视了孩子。
> 家庭聚会的目的,就是让孩子感觉到亲人之间的温暖和友好,所以不要强迫孩子做他们不愿意做的事情,可以循序渐进,开始时让孩子只在旁边观看,逐渐参与,给孩子慢慢融入的时间。
> 对于那些与孩子的互动方式不那么友好的亲人,比如喜欢拿孩子和其他孩子进行比较,经常问一些让孩子尴尬的问题的人,可以尽量减少孩子与他们的接触,或者是代替孩子进行智慧"反击",让孩子也学习如何应对这样的情况。

家里的精神花园

阅读是家庭要非常重视的一件事,这关乎孩子未来的学习能力,也是在他的精神花园播种的过程。

● 打造主题读书角

孩子在这个年龄段开始有自己的阅读偏好,可以根据他在不同时期的兴趣,将家里的阅读空间进行调整,比如孩子最近喜欢恐龙,那么就可以和他一起画几张大的恐龙图画,贴在阅读角里,再把几个恐龙玩具摆在旁边,增加孩子阅读的兴趣。

父母也可以把自己喜欢的一两样物品摆放在阅读空间里,比如喜欢的玩偶、一盆小绿植、舒适的靠垫等,增加阅读角的温馨气氛,让阅读变成一件让人感觉放松、舒适的事。还可以经常更换主题,增加全家人对阅读角的新

[5~6岁]

鲜感。

● 每周互借一本书

父母最好每天有和孩子在一起的固定的阅读时间，比如每晚的8点到9点，或者是周末下午的4点到5点。先和孩子一起读绘本、讲故事，之后父母阅读自己喜欢的书，让孩子也独立阅读一会儿。

父母可以带孩子一起手绘几张借书卡发给所有的家人，鼓励大家相互借阅图书。可以定一个固定的借阅时间，比如每周一的晚上可以相互借书。为了吸引孩子阅读更多风格、更多题材的书，父母可以把一些原来给孩子买的书当成是自己的书，放在自己的书架上，然后向孩子或者其他家人推荐这本书，引起孩子的兴趣，让他"借走"。

每周最后一天的阅读时间，大家可以就相互借阅的书进行充分的分享，各自谈谈对这本书的感受和想法，哪怕孩子上次借的是父母的一本字书，只看了封面和几张插图，也可以启发他聊聊这本书写的是什么，觉得封面的设计怎么样，这都是很有意义的交流。

> ☆ **小提醒**
> **别评价，认真听**
> 父母要认真地谈自己看孩子的图画书的感受，也要认真地听孩子分享他对借走的父母的书怎么看。对孩子的分享不用评价，要善于用"然后呢？""怎么样？"这样的疑问句继续鼓励孩子说话，如果孩子觉得没有可说的了，也不用勉强，可以继续下面的环节——讲故事、看书。

开个探究工坊

带孩子一起完成稍复杂一些的手工活动，既能增进亲子情感，也能锻炼孩子的思考能力和动手能力。

● 旧物改造

孩子穿小了的衣服可以变成漂亮的小背包，生日蛋糕吃完后的一次性餐盘洗干净可以变成挂在墙上的漂亮相框，卫生纸的筒芯可以成为精致的笔筒，矿泉水瓶子可用来制作自动浇花神器……网上有很多小视频可供边学边做，也可以和孩子一起开创新的改造方法。

● 家居变变变

每天都生活在一个熟悉得不能再熟悉的环境里，让人有安全感，但有时也缺乏新鲜感，可以和孩子每个月进行一次家居改造，比如在一面墙上挂几个相框，在餐桌上摆上漂亮的插花，给小椅子换个颜色。这些改造都需要自己进行设计，再采买材料，最后手工完成，是很好的亲子互动体验。让人耳目一新的家，也会让孩子很有成就感。

> **小提醒**
>
> 在这样的亲子活动中，父母自己的兴趣更为重要。不要将这件事当成任务，可以选择自己感兴趣的事情，带着孩子一起做。
>
> 和孩子合作，可以先让孩子完成他能轻松完成的部分，再挑战稍微有难度的部分。不要一下子就让孩子体验较难的步骤，这可能会打击他的兴趣和自信心。
>
> 孩子的耐心是有限的，这个年龄段的孩子的注意力可能只能集中15~20分钟，因此，同一种活动不要持续时间太长，可以和户外活动、阅读活动、电子游戏等活动交叉进行。如果孩子对某一项活动彻底失去兴趣，也不要强求，可以换一个重新开始。
>
> 在一起动手的过程中，如果孩子有其他想法，可以鼓励他尝试和实现，不必按部就班地进行。毕竟孩子的兴趣比一件完美的作品更重要。

● 新挑战，新体验

学做一个彩虹蛋糕，打磨出一个木头小首饰盒，自制掐丝珐琅装饰盘，

【5~6岁】

用毛线编织"向日葵",用小纸片搭出壮观的"故宫",用衍纸做立体花束,用树叶做书签……除了和孩子一起画画、搭积木之外,其实还有很多手工制作方式都是我们平时很少接触到的,不妨挑选一两种,和孩子开始新的挑战,一起研究,一起制作,即使不能完全成功,也是很有趣的新体验。

设个艺术创作角

只要给孩子空间和机会,我们能看见每个孩子的艺术家潜质。

● 请开始你的表演

可以在家里设置一个小舞台或者表演角,孩子在这个地方可以尽情进行表演。如果孩子比较内向,这个表演角也可以设在他的小帐篷里,告诉孩子,在他的小帐篷里,可以表演手偶剧,还可以大声唱歌,或者给他的玩偶讲绘本故事。

● 描绘理想的家

每个孩子都有自己想象中的家,可以让孩子画出自己理想的家。比如,有的孩子希望家里有个长长的滑梯,去某个房间只要坐上滑梯就到了;有的孩子希望自己的房间里都是云朵,一进去就软乎乎的;有的孩子希望家有翅膀,可以随时飞起来……可以鼓励孩子试试去实现或部分实现自己对家的幻想,比如找一个角落堆满毛绒玩具和松软的枕头,是不是就能体会置身于云朵之间的感觉了?

● 自由的创意空间

对着镜子用安全颜料给自己化妆,过把身体彩绘瘾;用手沾满颜料创作手掌画;把丝巾或者彩纸变成漂亮的裙子或翅膀穿在身上跳舞;有一面巨大的墙可以随意涂画……如果在家里能给孩子这样进行艺术体验的机会,就太好了!这样的创作空间,可以让孩子宣泄精力,调动孩子对艺术创作的激情,更能让孩子变得富有创意。

小提醒

提供尽量多的材料
给孩子提供安全的彩笔、颜料、工具以及其他尽可能多的可以进行艺术创作的材料，也鼓励孩子自己收集物品，比如石头、树叶、鸟的羽毛等，这些材料本身就可以帮助孩子不断升级自己的艺术创作。

提升孩子空间管理的能力
因为艺术角的材料较多，所以要帮助孩子学习空间管理。比如将材料进行区域规划；在进行创作前想好要使用哪些材料；在使用之后，要将物品进行整理、归位。

尽量让孩子自己做主
保证这是孩子自由创作的空间，给孩子定好规则，比如手上有颜料时不能走出创作区域，在规则范围内，不再过多地干预孩子的行为和创作，只在他需要帮助时给予帮助和支持即可。

附录

幼儿气质快速测查

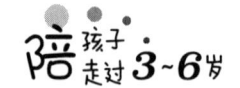

以下列出了幼儿期孩子在各种气质特点上的描述。父母可以观察孩子的表现，对照这些描述，看看孩子在每种气质特点上更偏向于哪一端。

气质是每个人的先天特征，没有好坏之分。不管孩子的表现偏向哪一端，都各有利弊。了解孩子的气质特点，有益于父母采取适宜的教养方式，更好地帮助孩子。

好动和好静

表现描述	好动←——→好静
1.喜欢跑着到想要去的地方	是←——→否
2.等待时（等着吃点心、排队洗手）不能安静地站着或坐着	是←——→否
3.上、下楼梯时喜欢奔跑或跳跃	是←——→否

续表

表现描述	好动←——→好静
4.与朋友或家人步行时喜欢跑跑跳跳	是←——→否
5.与人讲话时常跳来跳去或扭扭摆摆	是←——→否
6.看电视或看书时不能安静地坐着	是←——→否

● **如果孩子好动**

⊙ 好消息:孩子可能有朝气,有探索性。

⊙ 坏消息:孩子可能易受伤;影响他完成某些任务,容易干扰别人。

⊙ 父母养育要点如下:

对孩子抱持合理的期望。父母要经常提醒自己宽容孩子的好动,不要强求他经常保持安静。

逐步训练孩子保持一定时间的安静。结合孩子的兴趣适当让他做一些安静的事情,比如画画、拼图,培养他的耐心和细心。

适当安排大运动量活动。除了带他多做体育运动外,还可以多给他安排些家务或让他帮老师做一些体力活,既顺应他好动的特点,又能培养他的多种能力。

对孩子加强安全教育。

● **如果孩子好静**

⊙ 好消息:孩子可能安静、踏实、仔细。

⊙ 坏消息:孩子可能行动慢,效率低。

⊙ 父母养育要点如下:

适当增加活动量,可以和孩子一起做有趣的运动游戏。

不要代替孩子做他应该做的事,要耐心地鼓励他做自己应该做的事情,而不要因为怕慢而越俎代庖。

乐观和悲观

表现描述	乐观←——→悲观
1.玩的时候常高兴地笑	是←——→否
2.家中来客人时，常面带笑容	是←——→否
3.遭遇挫折时不容易哭或抱怨	是←——→否
4.较少对自己的小伙伴发脾气	是←——→否
5.较少抱怨学校或小朋友	是←——→否
6.一时情绪不好，也不会好几天都不高兴、别别扭扭的	是←——→否

● **如果他是乐观孩子**

⊙ 好消息：孩子可能更惹人喜爱。

⊙ 坏消息：孩子可能易盲目乐观，忽视危险。

⊙ 父母养育要点如下：

告诫孩子不要盲目乐观，指导他做出恰当的评价。要根据他的理解能力教给他相应的社会道德和安全规范以及自我保护方法，教他恰当地评价人和事。

● **如果他是悲观孩子**

⊙ 好消息：孩子同样渴望快乐与友好。

⊙ 坏消息：可能影响孩子的人际关系。

⊙ 父母养育要点如下：

少指责，鼓励和延长孩子的积极情绪。父母要经常在孩子面前表现得愉快、乐观，多肯定和鼓励他，暗示他是个快乐、友善的孩子。孩子高兴的时候，要想办法延长他的积极情绪状态。

引导孩子清晰表达自己的情绪。了解孩子表达积极态度的方式,帮助他把不高兴的表达与愉快和平静的表达区分开,以免别人产生误解。

好奇和谨慎

表现描述	好奇←——→谨慎
1.刚上幼儿园时,与父母分离不太困难	是←——→否
2.能主动接近他不认识的同龄孩子	是←——→否
3.喜欢去没去过的地方	是←——→否
4.对陌生的大人友好	是←——→否
5.在尝试新事物之前不太需要很多鼓励	是←——→否
6.愿意尝试没吃过的食物	是←——→否

- **如果他是好奇孩子**

   ⊙好消息:他可能容易接近和接受新事物。

   ⊙坏消息:他可能容易受到不良的影响。

   ⊙父母养育要点如下:

   提醒孩子注意安全。教他识别危险信号,告诉他什么东西不能碰、什么地方不能乱跑、对什么样的人要保持警惕;如果他喜欢触摸或碰别的孩子,要教他注意分寸,注意对方是否喜欢,以免产生误会和矛盾。

   避免孩子接触不良事物,教导他明辨是非。

- **如果他是谨慎孩子**

   ⊙好消息:他受不良影响的机会较少。

   ⊙坏消息:他可能比较怕生,接受新事物难。

   ⊙父母养育要点如下:

耐心，不要强迫孩子接受新事物。不要把他与其他孩子比较，指责他"不大方"，要耐心引导，在见陌生人或到陌生的地方之前，告诉他要去哪里、做什么，会见到谁、见到什么，希望他怎样做，这些会给他带来什么好处等。

多为他创造接触新事物的机会。上幼儿园之前，要有意识地鼓励孩子自己穿衣、吃饭，并多带他去幼儿园熟悉环境和老师。经常改变家中的摆设以及食物的口味和品种，增强他接受新事物的能力。平时要多为孩子创造接触新事物和社会交往的机会，鼓励他逐步接受新环境。

适应快和适应慢

表现描述	适应快←——→适应慢
1.上幼儿园不需要较长时间（多于1个月）就能适应	是←——→否
2.对生活规律的变化能较快适应	是←——→否
3.原定计划改变（如因为天气不好不能外出），也不会长时间烦躁不安	是←——→否
4.学习适合其年龄水平的新东西时比较快而容易	是←——→否
5.与小伙伴发生矛盾和争执时几分钟内就能平息	是←——→否
6.适应新的环境不困难	是←——→否

● **如果孩子适应快**

⊙ 好消息：他容易适应新环境。

⊙ 坏消息：他容易受不良影响。

⊙ 父母养育要点如下：

注意监控孩子接触的事物、环境和人。注意孩子周围的环境是否有可能对他造成不良影响的因素，要审慎地为他选择环境、朋友和帮忙照料他的人。

● **如果孩子适应慢**

　　⊙ 好消息：他不易受不良影响。

　　⊙ 坏消息：他容易出现适应方面的问题。

　　⊙ 父母养育要点如下：

　　适应慢并不意味着不能适应。只要有足够的时间，采用恰当的方法，一旦适应了，孩子也能做得与别人一样好。另外，吃穿等生活细节不要太精致和小心，多带他接触外界，让他见多识广。

　　帮助孩子循序渐进地适应。如果需要接触新的事物、环境和人，要提前准备，给孩子充分的适应时间，让他按照自己的节奏来学习，帮助他逐步适应。

规律和不规律

表现描述	规律←——→不规律
1.每天大便的时间大致相同	是←——→否
2.到该睡觉的时候就困，想睡觉	是←——→否
3.到吃饭时间就会感到肚子饿，每餐的饭量大致相同	是←——→否
4.每天活动或游戏的时间大致相同	是←——→否
5.按时看喜欢的节目，错过了常看的节目会心烦不安	是←——→否
6.周末或节日会在平常的时间醒来	是←——→否

● **如果他是规律孩子**

　　⊙ 好消息：他可能容易抚养。

　　⊙ 坏消息：他可能比较刻板，易发生适应困难。

　　⊙ 父母养育要点如下：

　　不必刻板遵守规律，可偶尔打破规律。在不规律的环境中按实际情况安排活动,逐步训练孩子适应生活的变化,让他的生物钟能更灵活地调整。

尊重孩子的生物钟。如果父母的习惯与孩子的生物钟不符合,要尊重孩子的规律。

● 如果他是不规律孩子

⊙ 好消息:不易产生适应困难。

⊙ 坏消息:他可能比较难抚养。

⊙ 父母养育要点如下:

尽早培养孩子适当的规律性。生活规律既受人体生物钟的调控,也与后天的环境和培养有关。父母自身的规律性会影响孩子的规律性,生活规律可以影响人的生物钟。

孩子长大些后,要培养他制订计划的习惯和能力。

反应大和反应小

表现描述	反应大←——→反应小
1.看电视或玩得高兴的时候会大叫、大笑、欢呼雀跃	是←——→否
2.如果要求得不到满足或不同意他做什么事情会发脾气、哭闹	是←——→否
3.受伤害时会使劲地大哭	是←——→否
4.针对他的随意玩笑或评论也会使他很激动,大声抗议或发怒	是←——→否
5.情感外露,喜怒形于色	是←——→否
6.失望或失败的时候容易大哭或大肆抱怨	是←——→否

● 如果他是个反应大的孩子

⊙ 好消息:他容易得到较多关注。

⊙ 坏消息:他可能比较难抚养。

⊙ 父母养育要点如下：

对孩子的吵闹不要急于表态，先进行冷处理。这样的孩子对很多事情都可能反应强烈，但这并不意味着事情本身有多严重，不必着急，先耐心等待孩子的情绪过去。

要注意防范可能的意外情况。情绪激动的孩子有可能行为冲动，要注意避免发生危险和意外。

● **如果他是个反应小的孩子**

⊙ 好消息：他可能比较容易抚养。

⊙ 坏消息：因为表达不够明确，他可能容易被忽视。

⊙ 父母养育要点如下：

多关注孩子的感受，并鼓励他表达出来。要多关心他，尽量不直接拒绝他，避免他因为受到拒绝而更不愿意表达。父母要意识到，孩子虽然反应不强烈，但内心的渴望和兴趣可能并不弱，受到的伤害也不一定小，要鼓励他以恰当的方式明确表达自己的感受。

敏感和不敏感

表现描述	敏感←——→不敏感
1.能注意到一些微小的变化，如父母的外表（衣服、发型等）	是←——→否
2.对响声（电话声、门铃声等）敏感，听到会立刻抬头看	是←——→否
3.对温度变化很快有反应，冷了打喷嚏，热了立即要脱衣服	是←——→否
4.在乎老师的表扬和批评，即使批评别人也会紧张	是←——→否
5.即便父母仅有略微的不赞成的表示（比如皱眉或摇头），也会有反应	是←——→否
6.能注意到食物的味道或特性的变化	是←——→否

- **如果孩子敏感**

  ⊙ 好消息：他可能善于察觉变化，感情丰富。

  ⊙ 坏消息：他可能胆小、退缩，睡眠、人际交往有困难。

  ⊙ 父母养育要点如下：

  尊重孩子的感觉，发挥他敏感的优势，并逐渐增强他的耐受性。要体谅孩子，多鼓励他的积极方面，如觉察力强等。可以让他做些脱敏练习，比如玩敲鼓游戏、做皮肤按摩，鼓励他参与集体活动等。

  给予孩子足够的个人空间。要避免给他突然的刺激（如大声、强光等）。父母做事还要避免主观性，洗澡的水温、衣服的松紧等应以孩子的感受为准。

- **如果孩子不敏感**

  ⊙ 好消息：他可能大胆，不娇气。

  ⊙ 坏消息：他可能容易遗漏有用的信息。

  ⊙ 父母养育要点如下：

  加强安全和规范教育。

  多教孩子识别别人的表情、态度等。要教他观察别人的表情和肢体语言，看图画书、电视时，可以让他说说人物的表情、感受。

分心和专注

表现描述	分心←——→专注
1.做很喜欢的事情时也会注意到周围的声音	是←——→否
2.正在玩或画画时，若电话铃响也会抬头去看	是←——→否
3.父母进屋时，他会停下正在做的事情并抬头看	是←——→否

续表

表现描述	分心 ←——→ 专注
4.对与他活动无关的声音或噪声有反应	是 ←——→ 否
5.会停下活动去听周围人的谈话	是 ←——→ 否
6.如果吃饭时门铃或电话响,会离开餐桌去回应	是 ←——→ 否

- **如果他是个容易分心的孩子**

  ○ 好消息:他可能会较快注意到周围的事情。

  ○ 坏消息:这可能影响他做事情的效率。

  ○ 父母养育要点如下:

  尽量减少周围环境中令其分心的事情。写作业的时候不要开电视、音响等,把玩具等娱乐用品拿开。孩子分心时提醒他要集中注意力,避免指责他。

  可对他进行短时间的注意训练。比如和他一起背儿歌,明确提出读几遍后要背出来的要求,并且逐渐延长需要集中注意力的时间,做到了就给予鼓励和奖励。

- **如果他是个专注的孩子**

  ○ 好消息:他可能做事情专心致志,效率高。

  ○ 坏消息:他可能容易忽略周围的人和事。

  ○ 父母养育要点如下:

  需要时可提醒他注意周围的人和事。提醒他不要在做一件事情时忽略了其他事情。

  如果孩子忽略父母,要理解他可能不是故意的。如孩子在看书或游戏时叫他他不理,不要急着指责,因为他可能真的把注意力都集中到书或游戏上了。

坚持性高和坚持性低

表现描述	坚持性高 ←——→ 坚持性低
1.很少对自己的玩具或游戏感到厌烦	是 ←——→ 否
2.能持续练习一项活动直至掌握	是 ←——→ 否
3.对新玩具或新游戏的兴趣至少可持续一天	是 ←——→ 否
4.能至少半小时全神贯注于一项有趣的活动	是 ←——→ 否
5.能专心听父母的吩咐、教导,努力遵照去做	是 ←——→ 否
6.能努力去做一项有难度的事而不放弃	是 ←——→ 否

● **如果孩子坚持性高**

⊙ 好消息:他会比较执着、锲而不舍。

⊙ 坏消息:他可能比较固执、任性。

⊙ 父母养育要点如下:

给孩子设限的时候,要循循善诱。如果孩子所坚持的事情不合理时,必须要限制。但要注意运用策略,如转移他的注意力,或满足他另一个相对合理的要求。

平时注意对孩子的调控。用交换、选择、协商等调控策略,言传身教地帮助孩子懂得谦让、合作。

巧妙安排,尽量避免冲突。父母对孩子的行为、反应要有预见性,提前做安排。比如马上就要吃饭了,要引导他做短时间可以完成或随时可中断的事情。

● **如果孩子坚持性低**

⊙ 好消息:他可能比较听话、顺从。

⊙ 坏消息：他可能比较怕困难、容易放弃。

⊙ 父母养育要点如下：

循序渐进地坚持。对应该完成的事情，可以允许他暂停下来休息一会儿，但休息后要要求他继续进行直至完成。以后逐渐提高要求，做到后要予以鼓励。

分解任务。对有难度、比较复杂的任务，要将它分解成几个小任务或小步骤，鼓励孩子一步一步地完成，从而感到通过努力可以逐步走向成功，享受到快乐和自豪。

反省和调整自己。父母要经常想一想，自己要求孩子做到的事情是否合理，孩子的哪些行为是必须限制的、哪些要求是不能满足的（如涉及道德、安全等的问题）。对于那些非原则性的事情，不一定要限制或要求。

幼儿多元智能快速测查

以下分别列出了幼儿期孩子八种智能的描述。父母可以对照每种智能的描述，观察孩子平时的表现。如果孩子的表现符合某种智能的大部分描述，那么他在这种智能上可能存在优势。

语言智能

1. 别人说话时，能安静地听。
2. 喜欢听故事。
3. 能用语言表达自己的意见。
4. 说话简要、善辩、有说服力或热情洋溢。
5. 能主动阅读图书。
6. 能自己编故事。
7. 喜欢改编他人的话或文学作品。

8. 喜欢模仿他人的声音和语言。

9. 喜欢文字游戏（猜谜语、造词句等）。

10. 喜欢看公路上、公共设施上的标志符号。

逻辑—数学智能

1. 能说出物体的异同。

2. 经常指出逻辑缺陷。

3. 喜欢听有关侦探、科学方面的故事。

4. 能自行操作益智教具（拼图、分类图等）。

5. 喜欢使用电脑、手机等资讯产品。

6. 遇到问题会尝试用多种方法解决。

7. 会操作时钟和说出正确时间。

8. 能进行0~9的分解与组合。

9. 对因果关系感兴趣。

10. 喜欢玩有关数字、数学的游戏。

空间智能

1. 喜欢拼图、走迷宫等视觉活动。

2. 能运用线条、色彩、形状表达情感。

3. 喜欢看电影、幻灯片等视觉表演。

4. 阅读时更喜欢从图画中获得信息。

5. 喜欢在书本、纸张或其他东西上涂画。

6. 能用线条和形状制作平面或立体作品。

7. 灵活而有创造性地运用颜料、黏土、粉笔、纸张等。

8. 到了新地方认路比较快。

9. 相比文字，更喜欢和善于阅读图表、地图。

10. 喜欢玩积木或有趣的立体模型。

肢体运动智能

1. 喜欢玩黏土或其他触摸的活动。

2. 记得最清楚的是做过的事物，而不是说过或看过的事物。

3. 喜欢具体的学习经验，如参观、扮演角色、拆解游戏、装配物件、身体运动等。

4. 运动灵活、敏捷，喜欢跑、跳、摔跤等。

5. 在表演、运动、缝纫、雕刻、弹奏键盘等活动中表现突出。

6. 在身体动作中显露出平衡感、优雅、灵活和精确。

7. 喜欢用动作来表达思想情感，说话时肢体动作多。

8. 喜欢工艺美术活动，以及需要协调身心和展现精细动作的活动。

9. 喜欢自编舞蹈、运动或其他身体动作。

10. 长时间坐着会扭动、敲打、烦躁不安。

内省智能

1. 清楚地知道自己的优点和缺点。

2. 能从生活的经验中提出自己的看法和意见。

3. 可以独立玩耍和学习。

4. 生活和学习方式与众不同。

5. 喜欢独自去探索和发现。

6. 有自己的想法和目标。

7. 能准确表达自己的感觉。

8. 做事独立,意志坚强。

9. 能鼓励自己完成工作。

10. 自尊心很强。

人际智能

1. 小朋友喜欢和他玩。

2. 经常与小朋友分享作品、经验和技巧。

3. 能察觉别人的思想变化和情感波动。

4. 常发起和组织活动。

5. 能解决活动中的冲突。

6. 能邀请其他儿童参加游戏。

7. 当其他儿童需要时能提供帮助。

8. 能安慰情绪不好的儿童。

9. 关心他人。

10. 能完善和扩展其他儿童的观点。

音乐智能

1. 能随音乐舞动身体。

2. 喜欢听音乐,经常专心听。

3. 能自由哼唱一首曲子。

4. 讲话或肢体活动时很有节奏感。

5. 喜欢听音乐家的故事。

6. 能完整唱出一首歌。

7. 会敲奏乐器。

8. 能自由创作儿歌。

9. 音乐走调或出错时能及时发现。

10. 能随音乐用手打拍子。

自然观察智能

1. 喜欢观察植物和小动物。

2. 经常注意周围环境的变化（长出的新叶、树上的虫子、季节的变化等）。

3. 表现出用绘画、图表、摄像等方法做观察记录的兴趣。

4. 喜欢阅读自然、生态环境方面的图片和书籍。

5. 喜欢浇花、施肥、锄草等工作。

6. 喜欢看有关探索大自然奥秘的节目或图书。

7. 在户外，经常提及观察到的自然景象及相关问题。

8. 喜欢去自然博物馆。

9. 对自然现象及有关图书（如自然史）表现出长时间的兴趣。

10. 喜欢收集标本。

笔记

陪孩子走过 3~6 岁